Taschenschmöker aus Vergangenheit und Gegenwart

Taschenschmöker aus Vergangenheit und Gegenwart

Neu und wieder aufgelegt

Berlin 2016

Eine Amazone

Eine Novelle von

Alexandre Dumas

Edition Dornbrunnen

Taschenschmöker aus Vergangenheit und Gegenwart

Übersetzung der Texte aus dem Französischen von
Wilhelm Ludwig Wesché *(Une Amazone; Herminie)*
Nach den Ausgaben des Verlags von Christian Ernst Kollmann, Leipzig 1847
Behutsam modernisiert

Korrekturen und Lektorat: Dirk Seliger 

Die Deutsche Nationalbibliothek verzeichnet diese Publikation in der Deutschen Nationalbibliografie; detaillierte bibliografische Daten sind im Internet über
http://dnb.d-nb.de
abrufbar.

Neuauflage 2016
ISBN 978-3-943275-20-9

Sven-R. Schulz, Dornbrunner Straße 16, 12437 Berlin
www.edition-dornbrunnen.de
Titelgestaltung: Sven-R. Schulz unter Verwendung eines alten Holzstiches, nach einem Gemälde von Wilhelm Ferdinand Souchon (1825–1876)

Druck und Vertrieb: Book on Demand GmbH, Norderstedt
PNTS2-2016

Inhalt

Vorwort

Ein großes Unglück für die Wahrheit ist, dass sie oft unwahrscheinlich erscheint. Deshalb verbirgt man sie den Königen hinter Schmeicheleien und den Lesern durch den Roman, der nicht, wie einige glauben, eine Übertreibung des Möglichen, sondern eine die Wirklichkeit nachahmende Fabel ist.

Wenn wir eines Tages des Romanschreibens müde sein werden, werden wir vielleicht als Geschichtsschreiber auftreten und gewisse authentische Abenteuer unserer Zeit erzählen, die so wahr sein werden, dass sie niemand wird glauben wollen. Da unsere Sammlung derselben bereits sehr zahlreich ist und sich in der Zukunft nur noch vermehren kann, so wählen wir davon zugunsten derjenigen unserer Leser, welche nur wirkliche Begebenheiten lesen wollen, einstweilen eine einfache Geschichte aus, an welcher wir, wohl verstanden, nur die Namen ändern werden. Nach unserem Tode wird man in unseren Papieren die wahren Namen der Hauptpersonen finden.

A. D.

I. Das Aussuchen einer Wohnung

Eines Morgens, im Monat September 184–, ging ein junger Mann durch eine jener einsamen Straßen der Faubourg Saint-Germain, die für das Nachdenken und ungestörte Arbeiten so gut geeignet scheinen, indem er über jede Tür blickte, ob sich nicht dort jenes herkömmliche Aushängeschild befände, das gewöhnlich mit schlechter Orthografie so lautet:

Kleine Wohnungen für Unverheiratete,
ab sofort.
Man wende sich an den Pförtner.

Wie man weiß, sind diese letzteren Worte oft von der Hand des Pförtners, und deshalb findet man in ihnen jene Unregelmäßigkeiten, welche bei diesen würdigen, immer auf ihre Bildung stolzen Männern, auf eine wunderliche Weise die Sprache auszulegen, hindeuten.

Wenn man eintritt, so bemerkt man freilich, dass der Pförtner noch schlechter spricht als er schreibt, was nur ein sehr schwacher Ersatz ist.

Unser junger Mann setzte also seine Nachsuchungen fort und fand endlich neben einem großen Torweg über einer kleinen, weit bescheideneren Tür das gastliche Aushängeschild.

Er trat ein, suchte an der Glastür des Portiers den Schlüssel, den man niemals findet, und nach langem und fruchtlosem Suchen erwartete er, in sein Schicksal ergeben, dass der würdige Greis, denn es musste einer sein, so gefällig sein wollte, seine Gegenwart zu bemerken.

Der gute Mann stand auf, legte seinen Leisten und seinen Knieriemen auf einen Stuhl, und nachdem er seine Brille ein wenig mehr nach dem Norden seiner unehrerbietig langen Nase erhoben, machte er auf und stellte sich, ohne ein Wort zu sagen, wie ein Fragezeichen hin.

Der junge Mann antwortete auf diese stumme Rede durch die gewöhnliche Frage:

»Sie haben eine kleine Wohnung für einen ledigen Herrn zu vermieten?«

»Ja, mein Herr.«

»Zu welchem Preis?«

»Sechshundertundfünfzig.«

»Und in welchem Stock?«

»Im vierten.«

»Woraus besteht sie?«

»Ei, sie hat ein Vorzimmer, ein kleines Esszimmer, ein

Schlafzimmer und ein Zimmer, aus dem man einen kleinen Salon machen könnte.«

»Kann man sie sehen?«

»Ja, mein Herr.«

Der Portier kam heraus, verschloss seine Tür, steckte den Schlüssel der Loge in seine Tasche, nahm den der Wohnung in die Hand, sah nach, ob niemand käme, und ging vor dem jungen Mann die Treppe hinauf.

Die Wohnung war frei und konnte auf der Stelle bezogen werden. Der junge Mann ging von einem Zimmer in das andere, prüfte, wie wir sagen müssen, sehr oberflächlich, ob sie bequem sei oder nicht, indem er sich nur mit den Tapeten, den Türen und den Decken beschäftigte, die er ziemlich anständig fand. Endlich ließ ihn der Portier in ein Toilettenkabinett, das er ihm anzuführen vergessen hatte und das auf einen kleinen, viereckigen und sehr engen Hof ging, der gegenüber durch das Nachbarhaus geschlossen war, welches fünf senkrecht übereinander angebrachte Fenster auf denselben Hof hatte. Dieses Kabinett entzückte unseren jungen Mann vollends, welcher nun fragte, ob 650 Francs der äußerste Preis für die Wohnung wären.

»Der genaueste«, erwiderte der Portier, »sie war sogar um 700 vermietet, aber ich muss sagen, dass es Mann und Frau waren, – übrigens sehr ruhige Leute, die es sehr bedauert haben, das Haus zu verlassen. Aber der Mann ist zum Mitglied des Instituts ernannt worden, da sind sie gezwungen gewesen, ihre Ausgaben einzuschränken, und der Hausherr hat gesagt, dass er, um einen ledigen Herrn zu haben, ein Opfer von fünfzig Francs bringen wolle. – Der Herr ist nicht verheiratet?«

»Nein.«

»Nun denn, mein Herr, für einen Unverheirateten hat sie alles, dessen es bedarf; die Fenster sind nach Süden, man hat die Sonne den ganzen Tag; – drei Fenster gehen nach der Straße, und Sie haben ein großes, sehr bequemes Kabinett mit gleichfalls einem Fenster. Man könnte sogar ein Bett für einen Freund oder für einen Bedienten hineinsetzen. – Haben der Herr einen Bedienten?«

»Nein.«

»Nun denn, wenn der Herr es wünscht, so werden meine Frau oder ich sein Hauswesen besorgen.«

»Ganz recht. Die Wohnung behagt mir«, sagte der Besucher, indem er sie verließ und der Portier die Tür verschloss, »aber ich will nur sechshundert Francs darauf verwenden.«

»Wenn der Herr mir seine Adresse zurücklassen will, so werde ich mit dem Hausherrn darüber sprechen und ihm die Antwort bringen. Übrigens sieht der Herr, dass das Haus sehr ruhig ist. Im ersten Stock wohnt eine alte Dame ganz allein; der zweite ist nicht vermietet; der dritte ist frei, und über dem Herrn wohnt nur ein junger Mann, Herr Alfred, der Supernumerarius[1] im Ministerium des öffentlichen Unterrichts ist; aber er ist immer bei seiner Mutter, welche in der Provinz wohnt. Wir dulden weder Katze noch Hund im Haus. Der Herr hat kein Tier?«

»Nein.«

In diesem Augenblick kam man an die Loge; der Portier schloss auf, suchte einige Zeit lang auf einer Kommode, auf welcher zwei kleine Vasen mit künstlichen Blumen standen, gab seinem zukünftigen Mieter eine zweifelhafte Feder, welche weder der Gans, welche sie geliefert, noch dem, der sie geschnitten hatte, Ehre machte, legte auf seinen Tisch ein Blatt Briefpapier neben ein Tintenfass, welches den Kaiser vorstellte, der Tinte in seinem Halse hatte, und der junge Mann schrieb seine Adresse.

»Edouard Didier, Straße, usw.«

»Sehr schön«, begann der Portier wieder, während er die Adresse las. »Morgen werde ich zu dem Herrn kommen«, fuhr er fort, indem er ihn bis an die Haustür zurückbegleitete. »Ich habe nicht nötig, dem Herrn zu sagen, dass der Hausherr und wir darauf halten, nur ruhige Personen zu haben. Wir wissen wohl, was ein junger Mann ist, aber es gibt deren, welche es missbrauchen, die … empfangen viele … kurz: Leute, die

[1] Ein Überzähliger; Beamter, der im Vorbereitungsdienst tätig ist.

Lärm machen, und dann beschweren sich die Mieter, und das würde Unannehmlichkeiten verursachen.«

»Ich empfange nur das streng Notwendige«, sagte der junge Mann, indem er sich entfernte.

Der Portier begann auf jene widrige Weise zu lächeln, welche das Vorrecht der Einfältigen ist.

Nach einigen Schritten begegnete Edouard einem seiner Freunde, der vor drei bis vier Monaten auf Reisen gegangen und seit einigen Tagen zurückgekehrt war. Nach den ersten Worten des Erstaunens und der Freude sich wiederzusehen sagte der Neuangekommene, der Edmond L… hieß:

»Woher kommst du denn?«

»Ich habe eine Wohnung angesehen, die ich nehmen werde.«

»Ich suche eine. Ist es weit von hier?«

»Nein.«

»Nun denn, wenn du willst, so lass uns wieder hinaufgehen; wenn du dich nicht entschließt und sie mir gefällt, so werde ich sie nehmen.«

»Unglücklicherweise ist es sehr wahrscheinlich, dass ich sie nehme«, äußerte Edouard.

»Lass sie uns immerhin ansehen.«

Man ließ den Portier wieder hinaufgehen, und Edmond war entzückt über die Bequemlichkeit der Wohnung.

»Seit den acht Tagen, dass ich angekommen bin, mein Lieber, und dass ich eine Wohnung suche«, sagte er, »ist es mir unmöglich gewesen, eine so reizende wie diese zu finden. Du gedenkst sie zu nehmen?«

»Ei, ja doch.«

»Welches Unglück! Sie haben keine gleiche?«, fuhr er fort, indem er sich an den Portier wandte.

»Nein, mein Herr, sie sind alle größer und teurer.«

»Welches Unglück!«, wiederholte Edmond.

»Hast du eine gute Reise gemacht?«, fragte Edouard im Hinuntergehen.

»Ja.«

»Hast du irgendein Abenteuer gehabt?«

»Leider nein. Du weißt, dass ich zweiundzwanzig Jahre alt bin und dass ich seit sechs Jahren eine Leidenschaft suche; ich finde ebenso wenig eine wie eine Wohnung, mein Lieber. Ich war nach Italien gegangen, weil man mir sagte, dass die Franzosen die natürlichen Geliebten der Italienerinnen seien. Ah ja doch, sie lachten mir alle ins Gesicht.«

»Du bist zurückgekehrt …«

»Wie ich abgereist bin. Aber ich habe gestern an eine geschrieben, ich soll die Antwort abholen.«

»Wohlan! Viel Glück!«

»Wenn du diese Wohnung nicht nimmst«, wiederholte Edmond, indem er Edouard verließ, »so lass es mir sagen.«

»Ja.«

»Adieu.«

Wie man sieht, war Edmond ein Original, aber ein langweiliges Original. Man hat niemals weder etwas Steiferes noch Missfälligeres gesehen als diesen armen Menschen, der immer um eine Mode zurück und in seinen Kleidern unbeholfen war; eine jener Personen, vor denen die Frauen einen Abscheu haben, weil sie, obgleich sie über sie nur die Theorie eines Gymnasiasten haben, dennoch bei ihnen die Unverschämtheit eines Wüstlings affektieren; sodass sie, da sie wissen, woran sie sich zu halten, über sie lachen, wenn sie einen gutmütigen Charakter haben, oder sie vor die Tür werfen, wenn sie einen schlimmen ihr Eigen nennen. Wenn ein Freund, der eine Geliebte hatte, so unglücklich war, ihr Edmond vorzustellen, so war er sicher, zwei Tage nachher sagen zu hören:

»Wer ist denn dieser Herr, den Sie mir vorgestellt haben?«

»Es ist einer meiner Freunde.«

»Sagen Sie ihm, dass er ein Unverschämter sei, sich zu erlauben, mir das zu schreiben, was er mir geschrieben hat, und dass ich ihm verbiete, sich hier zu zeigen.«

Anfangs waren einige böse geworden, als man aber gesehen hatte, dass es ein unheilbares Übel sei, so achtete niemand mehr darauf, umso weniger, da seine Briefe ohne Folge blieben und, als ob alle Frauen sich verabredet hätten, die Antworten immer dieselben waren.

Was Edouard anbetrifft, mit dem wir eine genauere Bekanntschaft machen müssen, so war er das, was man einen guten und wackeren Menschen nennt, den man immer mit Vergnügen kommen sah. Reich genug, um unabhängig zu sein, studierte er aber sein Recht, um das Recht zu haben, nichts zu tun; gut, um sich für einen Kameraden töten zu lassen, liebenswürdig, feurig, plauderhaft, einer ernsten Liebe unfähig, und nur von einer ewigen Verbindung träumend; ein stolzes Gesicht, spöttische Züge, die zuweilen einen Anstrich leichter und flüchtiger Schwermut annahmen, als ob er den Schatten seines Vaters und seiner Mutter vor sich hätte vorüberkommen sehen, diese doppelte Liebe, die anderen die Tore des Lebens eröffnet und die er niemals gekannt hatte, sodass er ohne gegenwärtigen Schmerz, ohne Ahnungen des Kummers für die Zukunft, Stunden jener unendlichen Traurigkeit hatte, in denen die Seele sich in sich selbst zurückzieht, in denen, selbst mitten unter dem schallenden Gelächter des Tages, sie durch die vorübergehenden Vergnügungen das durch die Zeit noch poetischer gewordene Gesicht irgendeines Toten sieht, das ihm mit jenem Lächeln zulächelte, das seine Wiege bestirnte und das allmählich erlischt, bis dass, wenn die Augen sich mit Tränen bedecken, es gänzlich verschwindet.

Dann, während jener Stunden der Sammlung, dachte Edouard an alle diese Neigungen eines Tages, an die er sein Herz vergeudet hatte und die in den Augenblicken der Schwermut, welche immer die Vergangenheit über die Gegenwart ausschüttet, ihn in seiner augenblicklichen Einsamkeit nicht zu trösten vermochten. Die Gegenwart eines fröhlichen Freundes hätte allein aus seinem Geiste diese schmerzlichen und vorübergehenden Eindrücke verbannen können. Diese Tage waren die, wo das Wetter finster war, an denen er nicht wusste, was er tun sollte, an denen er früh nach Hause zurückkehrte und wo in Mitte der Ruhe seines durch zwei Kerzen erleuchteten Zimmers die Erinnerung seine Gäste wurde, und ihm in einem

Bilde, einem Möbel, einem Nichts jene kindischen Freuden wiedergaben, die fast immer damit endigen, ein Gegenstand der Traurigkeit zu werden; dann legte er sich zu Bett, nahm eines der Bücher unserer Dichter, mit dem er von seiner Traurigkeit plaudern konnte, schlief ein, und am folgenden Morgen, wenn der Tag schön war, waren die Gespenster verschwunden, und er wurde wieder für alles der fröhliche Kamerad der vorhergehenden Tage.

Er war also einer jener guten offenen Pariser Charaktere, wie es deren so viele zu geben scheint und deren es indessen so wenige gibt. Seine freilich seltenen Besuche der Rechtsschule, und auf der andern Seite seine ein wenig aristokratischen Gewohnheiten hatten ihn einen doppelten Kreis nachlässiger Studenten und müßiger junger Leute besuchen lassen, und er fand sich von allen geliebt, indem er den einen, mit welchen er nach der Chaumière[1] ging, Geld borgte, und den anderen seinen Witz lieh, den sie am Abend wiederholten, wofür seine Freunde oder ihre Geliebten ihm sehr dankbar waren.

Edouard stellte bei dieser Wohnung seine Aufsuchungen ein, ging zum Frühstück, verglich die neue Wohnung, die er zu nehmen im Begriff stand, mit der, welche er verlassen wollte, sah, dass er nichts dabei gewänne als etwa die Veränderung, und begann jene Art von Bedauern zu empfinden, die sich unserer bemächtigt, wenn man seine Junggesellenwohnung verlässt, so klein und unbequem sie auch sein möge. Man erinnert sich alles dessen, was sich zugetragen hat, seitdem man in ihr wohnt, der alten, täglichen Gemütsbewegungen, die sie hat entstehen und vergehen sehen, der Blumen eines Morgens, welche, in ihren vier Wänden aufgeblüht, nur noch das Liebliche haben, welches man die Erinnerung nennt. Dann fängt man an, alles zu bedauern, bis auf das abgeschmackte, verwünschte Piano der Nachbarin, das man, morgens und abends, seine ewige und ungelernte Tonleiter klimpernd, in allen Häusern wiederfindet, die man bewohnt; bis auf den Portier, der

[1] Die Académie de la Grande Chaumière ist eine Kunstakademie am Montparnasse.

uns abends unseren Leuchter, unseren Schlüssel und zuweilen einen unerwarteten Brief gab, sodass man fast ebenso sehr die Hand segnete, welche ihn übergab, wie die, welche ihn geschrieben hatte.

Dann kommt der Vorabend des Auszugs herbei. An diesem Abend kommt man unter dem Vorwand, dass man seine Koffer zu packen habe, frühzeitig nach Hause, zuweilen mit einem Freund, der uns zu helfen kommt, aber noch häufiger allein; man öffnet die Schränke, die Möbel, wirft alles durcheinander, berührt vierzig Dinge, ohne sie zu nehmen, man weiß nicht, wo man anfangen soll, dann findet man plötzlich in einer vergessenen Schublade einen gleichfalls vergessenen Brief wieder, dann einen anderen, dann noch einen anderen, man setzt sich auf den Rand seines Bettes und beginnt, seine Vergangenheit zu lesen, wobei man sein Lesen durch folgende stumme Selbstgespräche unterbricht: »Armes Mädchen! Diese gute Louise! Sie liebte mich vielleicht! Was ist aus ihr geworden?« Und der Abend verfließt, man weiß nicht wie, ohne dass man etwas getan hat, damit, dass man die lieblichen Schatten von Frauen herbeizaubert, die ohne Zweifel zu derselben Stunde, wo man sich ihrer erinnert, anderen die reizenden und falschen Dinge sagen, die sie vor Kurzem uns sagten.

Wenn man am folgenden Morgen aufsteht und nur zwei Stunden zum Ausziehen hat, so ist alles noch weit weniger in Ordnung als am Tag zuvor.

Wie man begreifen wird, war der Portier gekommen, um Edouard eine bejahende Antwort zu überbringen. Edouard hatte ihm gegen seine Antwort den Gottespfennig gegeben, und da die Wohnung frei war, so hatte er seinen Auszug auf der Stelle ins Werk gesetzt.

Zwei Tage nachher war er gänzlich in seinem neuen Palaste für sechshundert Francs jährlich eingerichtet.

II. Eine Partie Landsknecht

So standen die Dinge ungefähr seit einem Monat, als Edouard eines Tages, beim Ausgehen, in das Nachbarhaus eine alte Frau, auf welche, wir müssen es sagen, er nicht sehr achtete, mit einem jungen, so schönen Mädchen eintreten sah, dass sie gleich einer Göttin alles auf ihrem Weg erleuchtete. Sie wandte einen Augenblick lang den Kopf nach seiner Seite, aber so kurz dieser Augenblick auch gewesen war, Edouard hatte blaue Augen, schwarze Haare, eine blasse Gesichtsfarbe und weiße Zähne, wie sie die Maler und die Dichter träumen, und in dem Ausdruck des Gesichts, in der Rundung des Körpers, ich weiß nicht was von Kühnem und Kräftigem sehen können, was von einem feurigen und exzentrischen Temperament zeugte.

Das junge Mädchen überschritt die Schwelle des Torweges, welcher sich hinter ihr wieder verschloss, und verschwand gleich einer Erscheinung. Edouard setzte seinen Weg fort, und als er auf dem Boulevard angekommen war, auf den er täglich ging, weil er sicher war, dort irgendeinem Freund zu begegnen, war die reizende Erscheinung, wie aus seinen Augen, bereits aus seinem Geiste entschwunden.

In der Tat, nachdem er einige Zeit spazieren gegangen, nachdem er einige Personen gegrüßt, fand er endlich einen Bekannten nach seinem Geschmack, er fasste ihn beim Arm und ging zwei bis drei Mal mit ihm auf und ab.

»Willst du mit mir zu Mittag essen«, fragte ihn Edouard, »und einen Augenblick mit zu Marie hinaufgehen? Es ist zwei Tage her, dass ich das arme Mädchen nicht gesehen habe.«

Die beiden jungen Leute gingen über den Boulevard, traten in ein Haus der Rue Vivienne, stiegen zum fünften Stock hinauf und zogen sehr vertraulich die Klingel. Eine Art von Kammerfrau kam zu öffnen.

»Ist Marie zu Haus?«

»Ja, mein Herr.«

Sie traten in eine Art von Salon, in welchem verschiedene

Möbel standen. Zwei Frauen und zwei junge Männer saßen um einen Tisch herum und plauderten lärmend.

»Ei, es sind Henri und Edouard!«, sagte ein reizender, kleiner, weißer, blonder und wie ein Pastellbild von Müller rosiger Kopf. »Das trifft sich glücklich, wir machen eine Partie Landsknecht. Setzt euch, wenn ihr Stühle findet, und spielt, wenn ihr Geld habt.«

Man fand am Ende zwei Stühle.

»Wer gewinnt?«, fragte Edouard.

»Clémence. Sie betrügt.«

Edouard neigte sich an Maries Ohr und küsste sie, indem er leise zu ihr sagte:

»Du befindest dich doch wohl?«

»Warum bist du gestern nicht gekommen?«

»Ich war krank.«

»Du lügst!«

»Ich setze dreißig Sous aus«, sagte Clémence.

»Ich zwanzig«, sagte Marie. »Setze für mich, Edouard, ich verliere.«

Die jungen Leute drückten sich die Hand.

»Wer hält die Bank?«, fragte Henri.

»Ich«, sagte Clémence.

»Es ist also immer sie! Sie hat jetzt schon siebzehn Mal gewonnen.«

»Spielt man?«, rief Clémence. »Ich setze dreißig Sous aus.«

»Ich halte zwanzig«, antwortete Marie.

»Ich zehn«, sagte Edouard.

»Ich den Rest«, sagte Henri.

»Ass und Bube«, sagte Clémence.

»Das Ass ist gut.«

»Galuchet ist besser.«

»Wer ist das, Galuchet?«

»Der Bube.«

»Er heißt also Galuchet?«

»Bei Gott, wie soll er sonst heißen?«

»Sag doch, Henri, weißt du, wie man die Krokodile fängt?«

»Nein.«

»Nun denn, ich auch nicht.«

»Das Ass gewinnt.«

»Natürlicherweise; Galuchet hat niemals verloren.«

»Gib die Karten weiter.«

»Ich setze fünf Francs aus«, sagte Edouard.

»Ich halte vier Francs«, sagte Marie.

»Ich glaube es gern!«, fiel Clémence ein.

»Ich zwanzig Sous«, sagte ein anderer.

»Ich den Rest«, sagte Henri.

»Henri hält immer den Rest, und es bleibt niemals etwas übrig, damit kann er einen Wagen kaufen.«

»Ah! Apropos Wagen, Augustine hat einen.«

»Bah!

»Ja.«

»Ei!«

»Sieben und Zehn«, sagte Edouard.

»Zehn ist gut.«

»Sieben gewinnt«, erwiderte der Bankier.

»Verdoppelst du?«

»Ja.«

»Ich halte sieben Francs«, sagte Marie.

»Fünfzig Sous«, sagte Clémence.

»Es bleiben fünfzig Centimes; hältst du sie, Henri?«

»Nein.«

»Ah, schön, so wirst du dich nicht zugrunde richten, wann du immer hältst, wenn nichts übrig, und nichts hältst, wenn etwas übrig bleibt.

»Die Königin ist schlecht«, erwiderte Henri, »sie hat bereits vier Mal gewonnen.«

Ihre kleinen, weißen Hände auf den Tisch stützend, hefteten die beiden jungen Frauen lächelnd und gespannt ihre Augen auf die Karten, welche eine nach der anderen fielen, und als sie sahen, dass sie sich folgten, ohne etwas herbeizuführen, so fingen sie an, auf sie zu schimpfen.

Das Spiel mit Frauen hat das Reizende, dass es ihren Zügen

alle Ausdrücke eines wirklichen Kummers oder einer ausgelassenen Freude verleiht, je nachdem sie verlieren oder gewinnen, denn sie geben sich nicht wie wir die Mühe, das zu verbergen, was sie empfinden.

»Die Königin gewinnt!«, sagte Clémence zuerst. »Der Teufel soll die Monarchen holen!«

»Es stehen zwanzig Francs auf dem Spiel«, sagte Edouard.

»Ich halte zehn davon«, sagte Marie.

»Ich … nichts«, antwortete Clémence, indem sie das zählte, was sie vor sich hatte. »Doch, wenn ich fünf Francs hielte?«

»Ich den Rest«, sagte Henri mit in sein Schicksal ergebener Miene.

»Zwei Acht«, sagte Edouard.

»Ich bleibe dir zehn Francs schuldig«, sagte Marie zu ihm.

»Ich wollte lieber, dass ein anderer mir nur fünf schuldig wäre, ich würde dabei noch fünf Francs gewinnen.«

»Ich zahle auch nicht«, äußerte Clémence, »jetzt gewinnt er schon drei Mal; aber ich halte zehn Francs.«

»Ich zehn.«

»Ich fünf.«

»Fünf!«

»Zehn!«

Das Spiel war gedeckt. Edouard zog die Karten.

»Zwei Buben!«, sagte er lachend.

»Schuft von Galuchet!«, sagten die beiden Frauen.

»Das macht zwanzig Francs, die ich dir schuldig bin«, fuhr Marie fort.

»Ich verkaufe diese Schuld für dreißig Sous«, erwiderte Edouard.

Niemand antwortete.

»Ein glückliches Vertrauen!«, murmelte Henri.

»Da, hier sind meine zehn Francs«, sagte Clémence mit etwas verdrießlicher Miene, »ich spiele nicht mehr.«

»Ich gebe die Bank ab«, sagte Edouard.

Und indem er sich an Marie wandte, die kein Geld mehr vor sich hatte, fügte er hinzu:

»Da, Marie, du bist mir zwanzig Francs schuldig, hier sind vierzig, das macht, dass du mir nichts mehr schuldig sein wirst.«

»Wie viel betrug die Bank?«, sagte Clémence zu Edouard.

»Achtzig Francs.«

»Ich übernehme die Bank zu achtzig Francs.«

In diesem Augenblick schellte man.

»Still!«, äußerte Marie.

Man hörte die Tür aufgehen und ein Gespräch zwischen dem, welcher geschellt, und der, welche aufgemacht hatte, beginnen, dann schloss sich die Tür wieder mit jenem Geräusch, welches ein Beweis ist, dass man den Besucher draußen gelassen hat.

Die Art von Kammerfrau trat ein und übergab Marie eine Karte, die sie, nachdem sie den Namen gelesen, lächelnd Edouard reichte, welcher sie Clémence reichte, die sie ihrem Nachbar gab, sodass sie die Runde um den Tisch machte und jedermann zu lachen begann.

»Was haben Sie geantwortet?«, sagte Marie zu Joséphine.

»Dass Madame bei ihrer Schwester in Auteuil wäre.«

»Ich trage auf einen Louisdor für Joséphine an«, sagte einer der Spieler.

Die anderen bewilligten ihn.

Man gab Joséphine einen Louisdor.

»Jetzt, wo der Herr fort ist«, begann Clémence wieder, »vorwärts an die Bank! Achtzig Francs!«

»Zwanzig«, sagte Edouard.

»Zehn«, sagte Marie.

»Fünfzehn.«

»Fünf.«

»Den Rest!«

Clémence schwankte einen Augenblick lang, der Gedanke, dass sie achtzig Francs verlieren könnte, quälte sie. Sie blickte um sich, ob sie nicht betrügen könnte, da sie aber sah, dass alle die Augen auf die Karten geheftet hatten, so entschloss sie sich und schlug Königin und Bube auf.

»Ich zahle die Hälfte und ziehe mich zurück.«

Die Königin hatte bereits fünf Mal gewonnen.

»Man schlägt es aus.«

»Bravo, Galuchet!«

»Es ist wieder die Königin«, begann Clémence zu singen. »Ich fahre fort, ich setze achtzig Francs aus, das Glück ist gut.«

»Verzeih, du musst die Bank abtreten, du hast nur ein Spiel.

»Das ist richtig. Ei nun; meine lieben Engel, ich spiele nicht mehr.«

»Gut, da spielt Clémence wieder die Großmütige.«

»Sieh, ich gewinne nur fünfzig Francs.«

»Ich halte sie dir«, sagte Marie.

Clémence streckte ihre beiden kleinen Hände an der Spitze ihrer Nase aus, vereinigte sie durch den Daumen und den kleinen Finger und bewegte sie auf eine bekannte Weise.

»Dann«, äußerte Marie, »wenn Clémence geht, so spielen wir nicht mehr.«

»Nun denn! Ich setze zwanzig Francs aus«, sagte Clémence, indem sie sich eines anderen besann.

»Ich halte sie.«

Und die Karten begannen zu regnen.

»Du kennst Lambert?«, wandte sich Henri an Edouard.

»Ja, der, welcher die Rechtswissenschaft studierte.«

»Er ist zum Doktor der Medizin promoviert.«

»Das ist einer, den ich meinen Onkel behandeln lassen möchte.«

»Ich gewinne«, sagte Marie, indem sie die von Clémence ausgesetzten zwanzig Francs nahm.

»Ich setze dreißig Francs aus«, sagte diese, »unter der Bedingung, dass du mir die Bank überlässt. Eile dich, ich muss gehen.«

»Ich nehme es an.«

Clémence schlug die Sieben und die Neun auf; die Neun gewann.

Ich kenne kein bestürzteres Gesicht; es war, um einen Türken zum Weinen zu bringen.

»Ich setze meinen Rest aus«, sagte sie.

»Ich halte ihn«, sagte Marie.

Nachdem drei Karten umgewendet, hatte Marie gewonnen.

Dieses Mal konnte das Gesicht einen Wucherer zu Tränen rühren.

»Man votiert zweiundzwanzig Sous für Clémence zu einem Cabriolet, Mylord«, sagte Henri.

»Geht zum Teufel!«, erwiderte diese, indem sie ihren Hut aufsetzte.

»Höre, Clémence«, sagte Edouard, »ich halte dir zwanzig Francs auf Wort, mag ich nun gewinnen oder verlieren; ich verliere, du hast also gutes Spiel.«

»Mit Vergnügen.«

Sie gewann die zwanzig Francs, strich sie ein, hing ihren Schal um und verschwand wie ein Pfeil.

»Die arme Clémence!«, sagte Edouard.

»Lass sie doch!«, erwiderte Marie, »Sie hat gestern Abend bei Juliette achtzehn Louisdor gewonnen.«

Man begann zu plaudern, dann entfernte man sich allmählich; Edouard und Henri waren die letzten, und Marie ließ sie nur unter der Bedingung gehen, dass sie nach ihrem Mittagessen wiederkommen würden.

»Was Marie für ein gutes Mädchen ist«, sagte Eduard, indem er die Treppe hinabging.

»Wo hast du sie kennengelernt?«

»Bei dem armen Alfred, der in Afrika ist.«

»Sie ist weit besser als Clémence.«

»Es ist kein Vergleich unter ihnen.«

Und die beiden jungen Leute entfernten sich, indem sie sich in Lobeserhebungen über die junge Frau erschöpften, die sich an das Fenster begeben hatte und ihnen mit einem Lächeln, das sich an Henri, und einem Blick folgte, der sich an Edouard richtete, bis beide an der Ecke des Boulevard verschwunden waren.

Nach seinem Mittagessen kam Edouard allein nach der Rue Vivienne.

»Jetzt, wo wir beide miteinander allein sind, mein Herr«, sagte Marie mit einem leicht schmollenden Ton zu ihm, »werden Sie mir ein wenig sagen, was Sie seit zwei Tagen getan haben und was Sie hat vergessen lassen, hierher zu kommen?«

Edouard legte sich zu den Füßen seines hübschen und strengen Präsidenten und begann ein Verteidigungssystem zu entwickeln, das mehr als einem großen Advokaten Ehre gemacht hätte. Die Debatten dauerten lange. Die Geschworenen schritten zur Beratung, und zugunsten der Liebe, welche man für den Angeklagten empfand, ließ man mildernde Umstände zu, und er wurde für nicht schuldig erklärt.

So war ungefähr das tägliche Leben Edouards, als die anmutige Erscheinung des Morgens einige Augenblicke süßer Träumerei in ihm anfachte.

III. Unter der Maske

Die Opernbälle nahten heran. Nun sind die Bälle der Oper der Ort von Paris, wo man sich am meisten langweilt und wohin man dennoch, ich weiß nicht weshalb, mit dem meisten Vergnügen zurückkehrt. Marie sah daher diese Zeit mit Freuden nahen und rechnete fest darauf, keinen einzigen zu verfehlen.

Übriges war Marie eine jener geistreichen Frauen, welche den Arm ihres Kavaliers, möge er nun ihr Geliebter sein oder nicht, nur bis zu dem Eingang des Ballsaals verlangen und die, einmal in dem Saal, ihm seine Freiheit bis zu dem Augenblick wiedergeben, wo sie ihn wiederfinden müssen, um entweder nach Haus zurückzukehren oder zum Nachtessen zu gehen.

Alles verlief demnach am ersten Sonnabend wie gewöhnlich. Nur hatte Marie Edouard kaum verlassen, als dieser fühlte, dass man ihn bei der Hand ergriff. Er wandte sich um.

»Du erwartest niemanden?«, sagte ein in seinem Mantel versteckter, eingehüllter und unmöglich zu erkennender Domino zu ihm.

»Nein.«

»Willst du mir deinen Arm geben?«

»Mit Vergnügen«, antwortete Edouard, indem er eine feine und aristokratische Hand drückte und an den Augen diejenige zu erkennen suchte, welche so zu ihm kam.

»Dein Forschen ist vergebens«, sagte der Domino zu ihm, »du kennst mich nicht.«

»Und du kennst mich vielleicht?«

»Sehr.«

»Beweise es mir.«

»Nichts ist leichter; da aber das, was ich dir zu sagen habe, nur dich interessiert, so ist es nicht nötig, dass es andere hören. Folge mir daher.«

Und die Unbekannte schritt kühn durch die ganze Menge, bis sie eine Loge erreicht hatte, an deren Fenster sie klopfte. Ein anderer Domino öffnete, trat heraus und ließ sie mit Edouard allein.

»Jetzt«, sagte diese Frau zu ihm, »liebst du Marie?«

»Das fragt sich, wie!«

»Wie, das fragt sich, wie?«

»Ja. Als Freundin liebe ich sie sehr; als Geliebte liebe ich sie ziemlich.«

»Und Louise? Liebst du sie?«

»Weniger, als ich glaubte, aber vielleicht mehr, als ich glaube«, sagte er lächelnd.

»Welches sind die Tage, an denen du traurig bist?«

»An den Tagen nach den Maskenbällen, – morgen zum Beispiel.«

»Und warum?«

»Weil ich dich zu viel und zu wenig gesehen haben werde.«

»Du kannst mich heute nicht mehr sehen. Ergib dich also darin. Nur um dich zu trösten, will ich dir sagen, dass ich jung und schön bin.«

»Ich werde deshalb morgen nur um so trauriger sein.«

»Und wessen bedarf es, um dich wieder fröhlich zu machen?«

»Ich müsste dich wiedersehen oder vielmehr dich sehen.«

»Du wirst mich sehen.«

»Wann?«

»Morgen.«

»Wo?«

»Was liegt dir daran, wenn du mich nur siehst?«

»Und wenn morgen vorüber ist, werde ich dich wiedersehen?«

»Vielleicht.«

»Und werde ich dich erkennen?«

»Nein.«

»Wer bist du denn?«

»Wer ich bin? Ich bin eine Frau, die dich niemals gesprochen hat und die dich kennenlernen wollte. Und jetzt leb wohl.«

»Du gehst?«

»Ja.«

»Warum?«

»Es muss sein.«

»Du hast einen Gatten?«, fragte Edouard, weil er wusste, dass diese Voraussetzung immer einer Frau auf dem Maskenball schmeichelt.

»Nein.«

»Gehen wir miteinander fort?«

»Kind!«

»Warum Kind?«

»Weil es unmöglich ist.«

»Und warum ist es unmöglich?«

»Weil ich dich noch nicht genug liebe und ich dich vielleicht bereits zu viel liebe.«

»Du sprichst wie die Sphinx.«

»Trachte wie Ödipus zu antworten.«

»Du hast Verstand?«

»Zuweilen.«

»Und Herz?«

»Immer.«

»Du weißt, dass ich dir folgen werde.«

»Du weißt, dass ich es dir verbiete!«

»Und mit welchem Recht?«

»Mit dem Recht, welches jede Frau einem Biedermann gegenüber hat.«

»So leb denn wohl.«

»Auf Wiedersehen, Vergesslicher!«

Edouard küsste die Hand seiner Unbekannten, welche die Tür der Loge aufmachte und in der Menge verschwand.

Dann suchte er Marie auf und fand sie. Die ganze übrige Nacht war, wenn nicht sehr traurig, doch zum Mindesten sehr verdrießlich.

Am folgenden Tag tat er keinen Schritt, ohne vor sich, hinter sich oder zur Seite zu blicken, ohne alle Gesichter zu untersuchen, ohne alle Augen zu befragen. Er fand keine Spur, die ihn seinen Domino hätte wiedererkennen lassen können. Am Abend war er trostlos.

Als er nach Haus zurückkehrte, übergab ihm der Portier einen Brief von einer feinen und reizenden Handschrift. Er enthielt Folgendes:

> »Du bist also wie die Leute des Evangeliums, welche Augen haben und nicht sehen. Wenn du, als du spazieren gingst, anstatt hinter dich und vor dich zu blicken, in die Höhe geblickt hättest, so würdest du gesehen haben. Das Glück kommt vom Himmel, nach seiner Seite musst du also blicken. Das ist wieder ein verlorener Tag. Umso schlimmer für dich! Auf Sonnabend.
> Kein Wort von alle diesem oder du wirst mich nicht wiedersehen. Gute Nacht!«

Edouard schlug sich vor den Kopf, kratzte sich an der Nasenspitze, fragte seinen Portier aus, blieb eine Stunde lang stehen, indem er seine Kerze abbrennen sah und diesen Brief wieder überlas, und da er nichts erriet, so entschloss er sich, zu Bett zu gehen.

Indessen, so ungläubig, so plauderhaft Edouard auch war,

so wagte er doch nicht, seinen Freunden dieses Abenteuer zu erzählen. Er fürchtete eine Aufzieherei, und jedes Mal, da man ihm ein Wort sagte, welches auf den Opernball Bezug hatte, glaubte er immer, dass man ihn zur Zielscheibe nehmen und sich über ihn lustig machen wolle. Er erwartete daher den nächsten Sonnabend mit einer gewissen Ungeduld, welche seine Eigenliebe Neugierde nannte.

Übrigens hatte er bis dahin nicht sehr an Maskenball-Liebeshändel geglaubt; er meinte, dass das ein Mittel der Romane und nicht eine Möglichkeit des wirklichen Lebens sei. Seine Abenteuer hatten sich immer am selben Tage durch ein Nachtessen beendigt und ihn überredet, dass das die einzige wahrscheinliche Entwicklung wäre. Indessen hatten in dem Ton, dem Benehmen und dem Verstand seines Dominos etwas so Ungewöhnliches, in dem Befehl, den er ihm gegeben hatte, ihm nicht zu folgen, ein so würdiger Ausdruck und in dem Brief des folgenden Tages so geheimnisvolle Worte gelegen, dass er sich in seinen Schlüssen verlor, wie sich Theseus in dem unterirdischen Labyrinth verirrte, sodass er große Mühe hatte, den Sonnabend abzuwarten, ohne den Brief irgendeinem seiner Freunde zu zeigen und ohne von ihm, in Ermangelung von Aufklärung, eine Wahrscheinlichkeit zu verlangen.

Der so lange ersehnte Sonnabend kam herbei. Edouard brachte den Abend bei Marie zu, die unschlüssig war, ob sie auf den Ball gehen solle und die sich am Ende entschied, zu Haus zu bleiben. Er glaubte, in dieser Weigerung die Karten eines Komplotts zu sehen. Er blickte die junge Frau so schlau an wie er es vermochte, aber wie er es auch anfing, er las nichts auf ihrem Gesicht, als dass sie ermüdet wäre und dass sie, da sie sich auf dem vorigen Ball eben nicht sehr gut unterhalten, fürchtete, sich auf dem bevorstehenden gänzlich zu langweilen.

Was ihn anbetrifft, so schützte er ein zwei Freunden gegebenes Rendezvous vor und verließ Marie um Mitternacht.

Das Erste bei seiner Ankunft im Opernhaus war, in die Loge zu blicken, in welche man ihn acht Tage zuvor geführt hatte.

Es war niemand darin.

Er kehrte in den Saal zurück, den er von Zeit zu Zeit verließ, um nach dieser glückseligen Loge zurückzukehren; endlich gegen ein Uhr morgens fühlte er eine Hand, die ihm auf die Schulter klopfte, und hörte er eine schwache Stimme, die zu ihm sagte:

»Man erwartet Sie.«

»Wo?«

»In der Loge Nummer 20.«

»Ich danke.«

In der Tat, er kam an Nummer 20, wo er seinen Domino der vorigen Woche fand.

Er empfand ein wenig Herzklopfen.

»Bin ich pünktlich?«, sagte dieselbe Stimme zu ihm, welche seit acht Tagen in seinem Kopf umhersummte.

»Ja, wie eine Gläubigerin.«

»Sie haben hübsche Vergleiche!«

»Habe ich Ihnen nicht eine Schuld abzutragen, eine Schuld der Dankbarkeit für diesen allerliebsten Brief, der mich am Tage träumen lässt und mich des Nachts zu schlafen verhindert?«

»Werden Sie immer so alltäglich sein?«

»Werden Sie immer so bös sein?«

»In was bin ich es denn?«

»Sie nennen mich Sie!«

»Das ist vielleicht ein Fortschritt.«

»Dann nehmen Sie den längsten.«

»Scherzen wir nicht mehr, ich bin traurig.«

»Und was haben Sie?«, fragte Edouard im Ton eines ernstlich gerührten Mannes.

»Was ich habe?«, erwiderte die Unbekannte, indem sie ihre Augen auf ihn heftete, als ob sie auf dem Grund seines Herzens und seiner Gedanken hätte lesen wollen. »Ich fürchte, Sie zu lieben.«

»Wenn Sie mir so etwas sagen, so werden Sie mich um den Verstand bringen. Und worin läge das Unglück, wenn Sie mich liebten?«

»Das Unglück läge darin, dass ich nicht zu jenen Frauen gehöre, die viel versprechen und nichts geben, und dass ich, indem ich Sie liebe, meine, mich ins Verderben zu stürzen.«

›Gut‹, dachte Edouard, ›jetzt nimmt die Sache ihre gewöhnliche Wendung. Drei Francs für den Wagen, um hinzufahren, sechzig Francs für das Nachtessen, drei Francs für den Wagen, um zurückzukehren. Das macht mir meine sechsundsechzig Francs.‹

»Woran denken Sie?«

»Ich denke«, erwiderte Edouard, der ein Lächeln nicht verbergen konnte, »dass, seitdem Eva diese Worte zu Adam in dem irdischen Paradies gesagt, man sie gar oft in der Welt wiederholt hat und dass es Zeit wäre, etwas Neues zu erfinden.«

»Leben Sie wohl.«

»Sie gehen?«

»Ich verabscheue Sie.«

»Setzen Sie sich doch.«

»Hören Sie mich an«, begann der Domino wieder, »Sie kennen mich nicht. Ich bin eine jener Frauen, die fähig sind, ihr Leben, ihre Seele dem Mann hinzugeben, den Sie lieben; glühend in ihrer Liebe, aber schrecklich in ihrem Hass. Das entsetzt Sie, nicht wahr?«

»Nur der Hass?«

»Glauben Sie an irgendetwas?«

»An alles. Meinen Sie denn, dass ein Mann in meinem Alter schon seinen Glauben verloren hat?«

»Ich meine, dass man ihn in Ihrem Alter noch nicht hat.«

»Warum?«

»Weil man nicht genug gelitten und weil man zu viel geliebt hat.«

»Sie irren sich, Madame. Den leichten und leichtfertigen Liebschaften, an denen wir unsere Seele abzustumpfen scheinen, widmen wir kaum unseren Verstand, und eines Tages kommt eine Frau, die ganz erstaunt ist, unter der Asche dieser erloschenen Liebe das Herz unangetastet, gleich Pompeji unter der Asche des Vesuvs, wiederzufinden.«

»Ja, unangetastet«, murmelte die junge Frau, »aber tot.«

»Wohlan, stellen Sie mich auf die Probe.«

»Wenn ich Ihnen sagte: Sie müssen mir alles opfern, mit Ihren Geliebten Ihre leichten Liebschaften brechen, täglich Ihr Leben aufs Spiel setzen, um mich einen Augenblick lang zu sehen, niemals, weder Ihrem besten Freund noch Ihrer Mutter noch Gott sagen, was ich für Sie tun werde, und als Ersatz für die tägliche Gefahr, für dieses immerwährende unverbrüchliche Schweigen, eine Liebe, wie Sie niemals eine gehabt haben.«

»Ich würde es annehmen.«

»Wenn ich Ihnen ferner sagte: Vielleicht werde ich Sie eines Tages nicht mehr lieben. Dann werden Sie nichts in meinem Leben zu tun, mir keinen Vorwurf zu machen, mir kein Wort zu sagen haben, und wenn Sie bis dahin meineidig oder nur unverschwiegen werden, so töte ich Sie!«

»Ich würde es gleichfalls annehmen«, sagte Edouard in dem Ton eines Horatiers, der Rom zu retten schwört, indem er sich dabei im Stillen sagte: »Bei Gott, ich wäre neugierig, eine Frau dieser Art zu finden, ich würde sie ein wenig geschwind ausstopfen lassen.«

»Jetzt zerreißen Sie meinen Brief … Sehr schön … Morgen werden Sie meinen Namen erfahren.«

»Wer wird ihn mir sagen?«

»Sie werden ihn erraten.«

»Woran?«

»Wenn ich Ihnen sage woran, so lasse ich Ihrem Scharfsinn nichts zu tun übrig. Wenn Sie meinen Namen wissen, so werden Sie mich sehen und um vier Uhr werden Sie nach Hause zurückkehren, um meine Befehle in Empfang zu nehmen. Sie haben bis morgen, um von Marie Abschied zu nehmen. Auf baldiges Wiedersehen!«

»Sie versprechen es mir?«

»Ich schwöre es Ihnen.«

Sie ging wieder zu der Frau, welche sie immer begleitete, und beide schritten die große Treppe hinab, ohne sich um die

Menge lustiger Äußerungen und leichtfertiger Einladungen zu bekümmern, die sie hinter sich zurückließen.

IV. Die Lösung des Rätsels

Nichts von dem begreifend, was ihm begegnete, kehrte Edouard in den Ballsaal des Opernhauses zurück. Er hatte gar viele Frauen sprechen gehört, die ihm von Ruf, von Namen, von Familie sprachen und ihm sagten, dass sie alles für ihn aufgeben könnten; sie dann eines Tages verschwinden und bei einem anderen dieselben Mittel von Neuem beginnen sehen, aber man hatte niemals von ihm weder so furchtbare Schwüre noch ein so bestimmtes Schweigen verlangt, sodass er noch unschlüssig war, ob er diesen Liebeshandel fortsetzen sollte. Aber indem er um sich herum diese eitle Welt voll Blumen, Witz und Freude sah, wurde er allmählich überzeugt, dass alle Frauen der glichen, welche er vor Augen hatte, und dass selbst die, welche ihn soeben verlassen, sich nur ein wenig auf seine Kosten hatte lustig machen und ihn, um ihr Geliebter zu werden, ungefähr derselben Prüfung hatte unterwerfen wollen, als sollte er Freimaurer werden.

Er überredete sich daher, dass er am folgenden Tag die Lösung des Rätsels erhalten und dass alles zu seiner großen Zufriedenheit enden würde. Wenn er ein solches Abenteuer nur einen Augenblick lang hätte ernstlich nehmen können, so hätte er sich keine Minute darauf eingelassen. Er, der sorgenloseste Mensch, der von eitlen Liebschaften und lustigen Partien lebte, sein Leben mit einer jener schrecklichen Leidenschaften umgeben, die anfangs berauschen und die nachher töten, das hätte ihm unmöglich geschienen, oder das schien ihn zum Mindesten so lange unmöglich, als er auf dem Ball blieb und an seinem Arm eine jener Frauen mit luftiger Liebe hatte, deren Gesichter unter der Maske und deren Herz er unter dem Witz erkannte. Als er aber nach Hause zurückgekehrt war, so groß war die Unbeständigkeit seines Charakters, so begann er, gleich

Pygmalion, sich eine Natur zu schaffen, in die er sich verliebte. Er träumte nur noch von einer Leidenschaft wie Werther, wohl verstanden, mit Ausnahme des Selbstmords; er sah Strickleitern, Abendträumereien, Entführungen, Postkutschen, Duelle und, da er ermüdet war, da die Ohren ihm noch von der Ballmusik klangen, so endigte sich in seinem Kopf alles durch einen allgemeinen Galopp, bei welchem er sehr aufgeregt einschlief.

Als er erwachte, war es heller Tag; die Sonne war zufällig aufgegangen, als ob sie sich in der Gegend geirrt hätte. Edouard rieb sich die Augen, sah nach der Uhr, machte die Tür seines Schlafzimmers auf und sah seinen Portier, der ruhig sein Hauswesen besorgte. Er fragte ihn, ob er nichts für ihn habe.

»Nein, mein Herr«, antwortete der Alte. »… Ah doch, eine Subskriptionsliste für einen armen Handwerker, der gestern Abend in unserem Quartier das Bein gebrochen, indem er von einem Gerüst gefallen, auf welchem er arbeitete, die man dem Herrn gebracht hat. Er ist ein armer Familienvater.«

»Geben Sie«, sagte Edouard, indem er die Liste nahm.

Und er begann sie durchzulaufen, um durch das, was die anderen unterzeichnet hatten, zu sehen, was er unterzeichnen müsse.

Der letzte Name war der des Fräuleins Hermine von ***, mit fünfhundert Francs eingeschrieben.

»Wer ist diese Person, die mehr als alle gegeben hat?«, fragte Edouard.

»O, das ist ein sehr würdiges Fräulein«, erwiderte der Portier, »die den Armen viel Gutes tut. Sie wohnt nebenan.«

»Ist es nicht ein großes junges Mädchen mit schwarzen Haaren, ein wenig bleich?«

»Ja. Kennt sie der Herr etwa?«

»Nein, aber ich habe sie neulich in das Nachbarhaus treten sehen, und nach dem, was Sie sagen, vermute ich, dass sie es ist.«

»Ja, mein Herr, das ist sie. Fräulein Hermine wohnt da mit ihrer Tante. Stellen Sie sich vor, mein Herr, dass dieses Frauenzimmer reitet und fechtet wie ein Mann.«

»Ihre Tante?«

»Nein, Fräulein Hermine.«

»Wahrhaftig? Aber das ist eine sehr schöne Erziehung für ein junges Mädchen.«

»Ich bin in meinem Regiment Fechtmeister gewesen«, fuhr der Portier fort, »und ich kann sagen, dass ich meine Sache tüchtig verstand. Nun denn, mein Herr, sie hat das erfahren und nicht eher geruht, als bis ich mit ihr gefochten habe. Ich werde mich dessen immer erinnern; es war eines Morgens im vorigen Monat, Sie waren noch nicht unser Mietsmann. Doch! Sie waren es schon. Sie ließ mich holen. Man ließ mich in einen kleinen, sehr artigen Fechtsaal treten, wo ich einen hübschen jungen Mann fand. Sie war es, die fechten wollte. Man gab mir einen Brustpanzer und ein Rapier. Ich legte eine Maske und einen Handschuh an, und nun legten wir uns aus. Ha, mein Herr, ein wahrer Dämon! Fünf Stöße, bevor ich nur parieren konnte! Und Abweichen, Gegenstöße, Biegungen! Sie hätten es sehen müssen! Man hätte meinen können, es sei das Schwert des Erzengels Michael! Auf Ehre, ich war außer Atem, ich konnte nicht mehr, wo sie noch eben so ruhig war wie zu Anfang! Ah, sie ist ein starkes Weib.«

»Und was sagt ihre Tante zu ihren Gewohnheiten?«

»Was soll sie dazu sagen, die wackere Frau? Das belustigt die Jugend. Man kann das nicht verhindern; es ist die Schuld ihres Vaters.«

»Warum?«

»Wie es scheint, war ihr Vater ein Alter, der fest war und den der Kaiser sehr gern hatte. Nun sehnte er sich, einen Knaben zu haben, um aus dem Sohn einen Soldaten zu machen, wie er vom Vater her Soldat war. Da wird seine Frau schwanger und nun ist unser Mann zufrieden; er glaubte, dass es ein Bube werden würde; Krak! Es ist es ein Mädchen, und die arme Mutter stirbt an den Folgen ihres Wochenbetts. Dann, da ein Unglück niemals allein kommt, kehrt der Kaiser von Waterloo zurück und die große Umwälzung geht vor sich, die Welt wird von oberst zu unterst gekehrt, und kurz, mein Alter lebt auf dem Lande zwischen dem Grab seiner Frau und der Wiege seiner Tochter. Nun, als die Kleine ein wenig groß geworden ist, hat er einen Buben aus ihr machen wollen; er hat ihr Mannskleider anlegen lassen, er hat sie reiten, Pistolen schießen, schwimmen, fechten und was den Teufel alles treiben lassen; sodass die kleine Schelmin, welche eine eiserne Gesundheit hatte, ein ausgelassenes Leben führte und alle kleinen Knaben prügelte, was den Papa sehr belustigte.«

»Ah, aber das ist allerliebst. Fahren Sie fort, Alter.«

Edouard, welcher den Portier lächeln sah, wandte den Kopf ab.

Der Erzähler stützte sich auf seinen Besen und fuhr fort:

»Aber das ist nicht alles. Papa hatte viele Wunden, dabei nicht übel die Gicht, und eines Tages zerbrach er seine Pfeife, wie man im Regiment sagt, sodass Fräulein Hermine, welche damals fünfzehn Jahr alt war, mit ihrer Tante allein blieb, welche ziemlich die Welt liebt, und die, des Landlebens müde, mit ihrer Nichte nach Paris kam und das Hotel nebenan bezog. Als sie siebzehn Jahr alt war, sprach man davon, sie zu verheiraten. Ah! Ja doch! Sie hat gesagt, dass sie nur einen Mann heiraten würde, der, wie sie, fünfundzwanzig Kugeln hintereinander auf der Klinge eines Säbels durchschnitte und der ihr zehn Stöße gegen fünf versetzte, sodass die Freier mit Stößen und nichts weiter abgezogen sind.«

»Das ist sehr merkwürdig«, äußerte Edouard im skeptischen Ton. »Geben Sie mir meine Stiefel, ich muss ausgehen.«

»Ja, mein Herr.«

»Und sie ist reich?«

»Sehr reich. Ah, Sie müssen sie von einem Bedienten gefolgt reiten sehen. John sagte mir gestern, dass, wenn er zurückkehrt, nachdem er sie in den Wald von Boulogne begleitet hat, er nicht mehr könne, er ganz erschöpft wäre. Jetzt ist man daran gewöhnt, niemand achtet darauf, man behandelt sie wie einen Mann.«

»Da, hier sind zwanzig Francs für die Sammlung.«

»Der Herr muss unterzeichnen.«

»Ah, das ist richtig.«

Edouard ergriff eine Feder und schrieb seinen Namen unter den der schönen Amazone; dann plötzlich unterbrach er sich, indem er sagte:

»Das ist unmöglich.«

»Weigert sich der Herr, seine zwanzig Francs zu geben? Es steht dem Herrn frei.«

»Ich kenne diese Handschrift«, murmelte Edouard.

»Was sagt der Herr?«

»Ich bedarf Ihrer nicht mehr. – Gehen Sie. – Ich behalte diese Liste, Sie werden heraufkommen, wenn man sie zu holen kommt.«

»Wo der Teufel habe ich diese Handschrift gesehen?«, sagte sich Edouard, als er allein war. Plötzlich schlug er sich vor die Stirn und suchte in der Tasche seines Rockes den Brief seines Dominos; aber er erinnerte sich, dass er ihn zurückgegeben oder vielmehr, dass er ihn vor ihren Augen zerrissen hätte, und er kehrte zu der Liste zurück, um sich von der Gleichförmigkeit der Handschrift zu überzeugen.

Es war so unwahrscheinlich, dass dieses junge Mädchen, welches er nur zwei Male flüchtig gesehen, die Heldin seiner beiden Masken wäre, dass er jede Vermutung in Bezug auf sie verwarf. Und dennoch kehrte er jeden Augenblick zurück, um den Namen zu betrachten, und so lange er ihn vor den Augen hatte, blieb er überzeugt, dass der Brief von derselben Hand wäre, welche die Gabe von fünfhundert Francs unterzeichnet hatte.

Es war, um nicht daran zu glauben, Edouard glaubte daher auch immer mehr daran.

›Bei Gott!‹, dachte er, ›sie hat mir gesagt, dass ich ihren Namen heute erfahren würde; da ist ihr Name. Sie hat mir gesagt, dass ich sie sehen würde; nun denn, ich will ausgehen und ich werde sie ohne Zweifel sehen.‹

Er begann sich anzukleiden und ging in sein Toilettenkabinett, welches, wie man sich erinnern wird, auf einen kleinen Hof ging. Der Portier hatte das Fenster offen gelassen, und in dem Augenblick, wo er vortrat, um es zu verschließen, sah er hinter den Scheiben des dem seinigen gegenüber befindlichen Fensters das junge Mädchen vorüberkommen, welches ihn anblickte und einen Finger auf den Mund legte, ein Zeichen, das in allen Sprachen durch »Schweig!« übersetzt wird. Dann fiel der Vorhang wieder herab und alles war vorbei.

Edouard blieb wie versteinert. Das Herz schlug ihm, um die Brust zu sprengen. Er schloss sein Fenster, setzte sich und begann zu überlegen.

Das Resultat seiner Betrachtungen war, dass er jetzt, wo er etwas wisse, nichts mehr begriffe.

Er beendigte seine Toilette und ging aus.

»Ich glaube wohl, dass ich verschwiegen sein werde!«, sagte sich Edouard. »Wie schön sie ist! Und diese arme Marie, die nicht mehr zu sehen ich ihr versprochen habe! Wie es anfangen, um mich mit ihr zu entzweien?«

Während er sein kleines Selbstgespräch hielt, kam er in die Rue Vivienne und fand Marie schmollend an der Ecke des Kamins sitzen.

»Guten Tag«, sagte er beim Eintritt.

»Guten Tag«, antwortete die junge Frau unfreundlich.

»Bist du krank?«

»Nein.«

»Was hast du?«

»Ich habe nichts.«

»Warum schmollst du?«

»Weil.«

»Ein schlechter Grund. Adieu.«

»Du gehst?«

»Ja.«

»Glückliche Reise!«

Edouard verließ das Zimmer. Als er ein Stockwerk hinuntergegangen war, hörte er Joséphine, welche ihm über das Geländer zurief:

»Mein Herr!«

»Nun?«, fragte er, indem er den Kopf erhob.

»Madame will Sie sprechen.«

Edouard ging wieder hinauf.

»Was willst du von mir?«, sagte er, als er wieder eintrat.

»Setze dich dort hin.«

»Weiter?«, fuhr er fort, indem er nun seinerseits den Mürrischen spielte.

»Mit wem bist du gestern auf dem Ball gewesen?«

»Mit Henri und Emil.«

»Und wer ist die Frau, mit der du dich die ganze Nacht über unterhalten hast?«

»Es ist meine Tante.«

»Ah, ich rate dir, nicht zu scherzen! Höre, Edouard, wenn du mich nicht mehr liebst, so gestehe es eher, als mich eine lächerliche Rolle spielen und mich nicht dem auszusetzen, mir überall sagen zu lassen, dass du mich, die ich krank war, verlassen, um, ich weiß nicht wen, auf den Opernball zu führen. Dabei, wie der Opernball lustig ist!«

Und die junge Frau begann, mit ihrer Zange das Feuer zu schüren.

»Zuvörderst«, fuhr Edouard lachend fort, »habe ich niemand auf den Opernball geführt. Eine Frau hat mich angeredet, ich konnte sie nicht durch die Municipal-Garde[1] verhaften lassen.«

»Wer ist diese Frau?«

»Ich kenne sie nicht.«

»Du lügst!«

»Ich schwöre es dir. Und außerdem weiß ich nicht, was dir einfällt. Ich gehe aus, um dich zu besuchen, statt zu arbeiten und in die Vorlesung zu gehen, und jetzt ...«

»Es ist heute Sonntag, man geht nicht in die Vorlesung.«

»Ja, aber ich konnte studieren.«

»Geh doch, mein Lieber, geh doch, ich weiß, was mir zu tun übrig bleibt.«

»Tu, was du willst. Du kannst sogar, wenn dir das Spaß

[1] Eine Art von Polizeitruppe

macht, Bücher über die Moral schreiben; aber ich sage dir im Voraus, dass ich sie nicht lesen werde.«

»Es ist sehr schön, was du da sagst.«

»Du bist sehr stolz! Es gibt Akademiker und Pairs von Frankreich[1], welche deren schreiben. Das ist sehr hübsch.«

»Pack dich oder ich werfe dir meine Zange an den Kopf!«

»Um mir das zu sagen, lohnte es nicht der Mühe, mich zurückrufen zu lassen.«

»Ich will, dass du mich heute Abend in den Zirkus führst.«

»Deiner Rede fehlt die Folge. Es ist unmöglich.«

»Warum?«

»Weil ich zum Mittagessen eingeladen bin.«

»Es ist gut! Wenn du mich wiedersiehst, wird es heiß sein!«

»Auf nächsten Sommer, liebe Freundin.«

Marie ging in ein anstoßendes Zimmer und schlug heftig die Tür hinter sich zu. Was Edouard anbelangt, so entfernte er sich, indem er sagte:

»Da bin ich entzweit. Sage man doch noch, dass es keine Vorsehung gibt! …«

Es war beinahe vier Uhr. Edouard nahm einen Wagen und kehrte nach Haus zurück. Man übergab ihm einen Brief; er brach ihn auf und las:

»Ich habe sagen hören, dass ein Mann am Tag nach demjenigen, wo er bemerkt, dass die von ihm geliebte Frau ihm gegenüber wohnt, ein Mittel gefunden hätte, eine Brücke über die beiden Fenster zu schlagen und sie um Mitternacht zu besuchen.

Freilich war es ein Mann von Geist, von Mut und von Herz.«

Man übergab Edouard außerdem die Karte Edmonds, der ihm sagen ließ, dass er um fünf Uhr im Café de Paris gegenüber sein würde.

[1] Vom König verliehener, höchster Status des französischen Adels, der mit juristischen Aufgaben betraut oder mit einem Sitz im Parlament verbunden ist.

V. Mit unbedecktem Gesicht

Edouard ging auf sein Zimmer. Es handelte sich darum, die Entfernung zu messen, welche die beiden Fenster trennte, und, wie der Brief sagte, eine Brücke herzustellen, was keine bequeme Sache war, umso weniger, als man das Maß nur ungefähr mit dem Auge nehmen konnte. Kurz, da er keine Zeit zu verlieren hatte, so berechnete er, so gut er es vermochte, ging wieder hinab, trat bei einem Zimmermann ein, den er auf seinem Weg fand, und sagte, dass er für den folgenden Tag eine einen Fuß breite, zehn Fuß lange und drei Zoll dicke Bohle bedürfe; hierauf gab er seine Adresse, bezahlte und entfernte sich.

Um fünf Uhr fand er Edmond, der ihn auf dem Boulevard erwartete.

»Was gibt es Neues?«, fragte Edouard.

»Nichts.«

»Hat man auf deinen Brief geantwortet?«

»Ja, hier ist die Antwort.«

Edouard las:

»Mein Herr, für was halten Sie mich? Sie sind ein Tölpel!
Eleonore.«

Edouard konnte sich nicht enthalten, zu lachen.

»Was sagst du dazu?«, fragte Edmond.

»Ich sage, dass das keine sehr ermutigende Antwort ist.«

»Du, der du so viele Frauen kennst, mache mich doch mit einer bekannt.«

»Du bist also immer noch frei?«

»Immer noch.«

Das war eines der traurigsten »Immer«, die je ausgesprochen worden sind.

»Nun denn, ich will dich mit einer bekannt machen.«

»Wahrhaftig?«

»Ja.«

»Wann?«

»Noch heute.«

»Eine Blondine?«

»Ja.«

»Eine anständige Frau?«

»Bei Gott, aber sehr empfindlich.«

»Du wirst mich vorstellen?«

»Du wirst allein gehen.«

»Sie wird mich vor die Tür werfen.«

»Du wirst ihr etwas in meinem Namen geben. Ich muss ihr irgendein Geschenk machen. Es ist ebenso gut, dass du Nutzen von der guten Laune ziehst, die daraus hervorgehen wird.«

Edouard trat zu Marcé[1] ein, wählte ein Armband und fügte folgenden Brief hinzu:

»Meine liebe Marie, vergiss, was ich gestern noch für dich war; erinnere dich immer, was ich von nun an sein werde: ein aufrichtiger und treuer Freund.

Erlaube mir dieses Armband deinem rechten Arm anzubieten; wenn er es nicht will, so möge er es deinem linken Arm anbieten.

Der, welcher es dir überreichen wird, ist einer meiner guten Freunde, der einer der deinigen werden möge.«

»Jetzt«, fuhr Edouard fort, »überbring das an Mademoiselle Marie, Rue Vivienne, Nummer 49.«

Edmond verschwand wie der Engel der Heimsuchung.

Was Edouard anbelangt, der nicht wusste, was er mit seinem Abend anfangen sollte, so ging er sehr frühzeitig nach Hause, studierte von Neuem die Örtlichkeiten, dachte lange über das nach, was ihm zustieß, und schlief ein.

Am folgenden Morgen wurde er durch den Zimmermann geweckt, der ihm seine Bohle überbrachte. Dieser wackere Mann war sehr neugierig, er wollte durchaus wissen, was man

[1] Pariser Juwelier

mit einer zehn Fuß langen Bohle in einer so kleinen Wohnung machen könnte. Er erklärte sich das nur durch eine übertriebene Vorliebe für das Holz und durch das Bedürfnis, welches der Käufer empfände, davon immer einen Vorrat bei sich zu haben. Er konnte es nicht aushalten und fragte, wo er die Bohle hinbringen müsste.

»In das Toilettenkabinett.«

»Und wie muss ich sie stellen?«

»Gerade auf, an die Wand gelehnt.«

»Wenn der Herr mir sagen wollte, zu welchem Gebrauch sie sei, so könnten wir sie auf der Stelle anschlagen. Wenn es ist, um schwere Gegenstände darauf zu stellen, denn die Gegenstände müssen schwer sein, weil sie der Herr so stark bestellt hat, wenn man Träger darunter anbrächte, starke Träger …«

»Sie ist dazu bestimmt, um ein chinesisches Spiel zu machen«, sagte Edouard. »Das Übrige geht nur mich etwas an.«

Der Zimmermann entfernte sich.

Einige Zeit nachher trat Edmond ein.

»Welche Neuigkeit?«, fragte ihn Edouard.

»Nun denn! Sie hat mich nicht sehr gut empfangen.«

»Was hat sie dir gesagt?«

»Fast nichts. Sie hat mir diesen Brief für dich gegeben.«

Edouard brach ihn auf und las:

»Mein lieber Edouard, ich danke dir für dein Armband. Wenn du aber willst, dass deine Geschenke mir Vergnügen machen, so musst du sie mir nicht durch so unverschämt alberne Gesandte senden wie deinen Freund.«

»Spricht sie von mir?«, fragte Edmond.

»Durchaus nicht, es sind persönliche Angelegenheiten.«

»Ich werde heute zu ihr zurückkehren.«

»Tu, was du willst.«

Der Tag verfloss wie alle Tage, an deren Ende man etwas bei Weitem Wichtigeres als am Tage zuvor tun soll, das heißt, dass

Edouard nur einen Gedanken hatte und dass alle diejenigen, denen er begegnete, wie Schatten an ihm vorübergingen, ohne dass ihm die geringste Erinnerung davon blieb. Die Vorhänge des Nachbarfensters blieben beständig geschlossen. Und es gab sogar Augenblicke, in denen Edouard glaubte, geträumt zu haben, und nicht mehr wusste, was ihm zu tun übrigblieb. Die Zeiger der Uhr, welche aller Wahrscheinlichkeit nach von Mitternacht an so rasch für ihn gehen sollten, gingen bis dahin sehr langsam. Es ist eine Wunderlichkeit des Menschen, zu wollen, dass, wenn er voller Ungeduld eine Stunde erwartet, die Zeit ebenso rasch fliegen soll wie sein Gedanke. So ging Edouard in seinem Zimmer auf und ab, stellte in seinem Geist den Anfang dieses Abenteuers wieder zusammen, stellte sich alle möglichen Folgen desselben vor, träumte von einer ganzen unbekannten Welt und war sehr erstaunt, zu alledem höchstens fünf Minuten verwandt zu haben.

Aber so langsam die Stunde auch zu schreiten scheint, so muss doch endlich diejenige, welche man erwartet, herbeikommen, und dann, wie seltsam, wenn sie einmal herbeigekommen ist, so verschwinden alle gleichgültigen Dinge, die man getan hat, und es scheint, als ob sie sehr schnell gekommen sei.

Es schlug Mitternacht.

Edouard trat hinter sein Fenster, um zu sehen, ob er an dem der schönen Nachbarin irgendeine Bewegung bemerkte, die ihn an die Wirklichkeit erinnern würde.

Nach Verlauf von zwei bis drei Minuten sah er den Vorhang sich unmerklich lüften; und als ob sein Herz nur dieses Signal abgewartet hätte, so begann es heftig zu klopfen.

Edouard machte sein Fenster gänzlich auf.

Das andere antwortete, indem es gleichfalls aufging.

Es war gänzlich dunkel. Edouard holte die Bohle, nun aber war die Bohle schwer und es war nichts Leichtes, eine solche Brücke zwischen den beiden Häusern zu schlagen.

›Wenn sie zu kurz sein sollte!‹, dachte er.

Und während er die Betrachtungen anstellte, welche der

Umstand einflößte, näherte er seine Brücke und sah nach, ob ihn niemand sehen könnte. Er versicherte sich, dass alles in dem Haus wie in der Natur, von Neptun bis zu dem Portier schliefe, und er begann, die Planke auf dem Rand seines Fensters hingleiten zu lassen, bis dass sie den des gegenüber befindlichen Fensters berührt hatte.

Er hatte entsetzliche Mühe gehabt, um dieses Werk auszuführen; er hatte sich mit seiner ganzen Last auf den Teil der Planke stützen müssen, den er hielt, damit sie ihm nicht wie ein Pfeil entschlüpfe und in die unteren Fenster führe und alle Welt aufweckte. Außer dass eine solche Ungeschicklichkeit ihn den ganzen Nutzen seines Abenteuers hätte verlieren lassen, würde dieser Fall in den Augen der Nachbarin keine Entschuldigung gehabt haben. So wunderlich und so exzentrisch die Gewohnheiten eines Mietsmannes auch sein mögen, so können sie doch nicht glauben lassen, dass sie so weit gingen, um nach Mitternacht zehn Fuß lange und drei Zoll dicke Bohlen in die Fenster der Häuser zu werfen. Er hätte aber keine Unterstützung als bei den Glasern gefunden.

Um die Wahrheit zu sagen, müssen wir gestehen, dass die Furcht, den Hals zu brechen, zur Hälfte bei der Gemütsbewegung beteiligt war, welche Edouard empfand, als er den Fuß auf die Planke setzte.

Wie man sich wohl denken wird, blieb er auf der beweglichen Brücke nur so lange stehen, wie es gerade notwendig war, und er befand sich sehr bald rittlings auf der Bohle, welche, so fest sie auch war, Sprungbrett-Elastizität vorzuweisen hatte, die sehr angenehm auf einem Turnplatz, aber höchst missfällig in der Höhe von vier Stockwerken ist.

Endlich, da es nicht mehr möglich war zurückzuweichen, so rückte Edouard weiter, aber mit einer Vorsicht, welche den ganzen Wert bewies, den er auf sein Leben setzte. In der Mitte angelangt, dachte er an Marie, indem er sich sagte, dass er diese Gelegenheitstugend, die er immer am Ende von achtzig Stufen fand, noch dieser ganz frischen Tugend vorzöge, die er freilich auf einem weit kürzeren, aber bei weitem schwierigeren Wege finden sollte und die ihm eine Bewegung machen ließ, die ihn höchst lächerlich machen mussten.

Endlich berührte er den Rand, und er konnte ein tiefes Gottlob nicht unterdrücken, in welchem mehr Freude, unversehrt angelangt zu sein, lag als Glück, seine Geliebte zu sehen.

Kaum war er in das Fenster gestiegen, als er die reizende Ballstimme hörte, welche zu ihm sagte:

»Ziehen Sie die Planke zurück.«

»Ah so«, sagte sich Edouard, »das ist keine Liebe, das ist ein Auszug.«

Und er begann, seinen Steg zurückzuziehen.

Das Zimmer, in welchem er sich befand, war gänzlich finster, sodass er mit der albernen Planke in seinen Armen stehen blieb und nicht wusste, wohin er sie stellen sollte. Wenn es hell gewesen wäre und er das Gesicht hätte sehen können, das er machte, so hätte er sich auf der Stelle zum Fenster hinausgestürzt und sich durch das Schreckliche dem Lächerlichen entzogen.

Da er nichts hörte, so wagte er zu fragen:

»Wo kann man die Planke hinstellen?«

Er fühlte eine Hand, die ihn in der Dunkelheit führte, und da er eine Wand fühlte, so vertraute er ihr das an, was ihm in ein bis zwei Stunden das Teuerste auf der Welt sein konnte. Dann fuhr er fort, dieser Hand zu folgen, die ihn nach sich zog und ihn auf ein kleines Kanapee niederzerrte. Und nun begann mitten in der Dunkelheit leise folgendes Gespräch:

»Sie werden Ihre Versprechungen halten?«

»Ja.«

»Wissen Sie, was ich riskiere, indem ich Sie hier empfange?«

»Wissen Sie, wessen ich mich aussetze, indem ich hierherkomme?«

»Ich kann meinen Ruf verlieren!«

»Ich kann den Hals brechen!«

»Das Leben ist so wenig!«

»Verzeihung, Verzeihung. Wenn Sie nicht darauf halten, so verleiden Sie es anderen nicht.«

»Ich hatte es Ihnen wohl gesagt, dass tägliche Gefahr dabei vorhanden sei, mich zu sehen. Noch ist es Zeit, wenn Sie mich nicht genug lieben, um sich ihr nicht auszusetzen, so kehren Sie zurück und vergessen Sie mich, wie ich Sie vergessen werde.«

»Ich liebe Sie«, sagte Edouard, indem er sie bei den Händen ergriff.

»Mein Verfahren muss Ihnen seltsam scheinen, aber Sie werden sich erinnern, dass ich Ihnen gesagt habe, ich sei keine Frau wie andere. Ich liebe Sie als Geliebten, aber als Gatten würde ich Sie hassen. Der bloße Gedanke, dass jemand mit einer stärkeren Gewalt als die meinige das Recht erhalten hätte, mich zu verhindern, frei zu sein, wäre eine Marter ohne Ende für mich. Sie sind meine erste Liebe, aber ich sage Ihnen nicht, dass Sie meine letzte sein werden. Ich, die ich niemals geliebt habe, weiß nicht, wie lange man liebt, und von dem Tag an, wo ich Sie nicht mehr wie heute lieben werde, rechne ich darauf, dass wir alle beide wieder frei werden, dass bis dahin keine Unbedachtsamkeit von Ihrer Seite stattfindet, wie kein Zweifel von der meinigen stattfinden wird und dass, einmal durch meinen bloßen Willen getrennt, Sie, was auch geschehen möge, aufhören, mich zu kennen und Ihren Weg fortgehen, ohne hinter sich zu blicken.«

›Diese Frau nimmt einen Geliebten, wie man einen Bedienten nimmt‹, dachte Edouard. ›Sehen wir den Lohn.‹

»Eine andere«, fuhr das junge Mädchen fort, »hätte sich verheiratet und ihre Liebe unter ihrer neuen Stellung, die Liebhaber hinter ihrem Gatten versteckt, und hätte in den Augen der Welt einen Ehrenmann lächerlich gemacht, der ihr die Hälfte seines Lebens anvertraut und ihr seinen Namen gegeben hatte. Ich betrüge niemanden, ich bin mit meiner Liebe frei, wie mit meinen Gedanken; ich bin zu Ihnen gekommen, weil ich Sie liebte, und Sie, so kühn Sie auch sein mögen, nicht gewagt hätten, zu mir zu kommen.«

›Sehr schön‹, sagte Edouard bei sich, ›jetzt bin ich in die Klasse der Hunde und der Pferde gestellt.‹

»Eine einzige Person ist in unserem Geheimnis eingeweiht,

aber diese wird stumm sein wie ich, weil sie mir alles verdankt, an nichts glaubt und auf nichts hofft als auf mich, und sie an dem Tage, wo sie versuchte, mich zu stürzen, sich stürzen würde. Demnach ist sie mehr als ein Zeuge, sie ist ein Bundesgenosse.«

Wenn diese freiwillige und heftige Liebe des jungen Mädchens schmeichelhaft für Edouards Eitelkeit war, so war die Stellung, in welche sie ihn versetzte, es eben nicht für seine Eigenliebe; er blieb, wie er sagte, in der Kategorie der Haustiere; er wurde für seine Geliebte ein wenig mehr als ihre Kammerfrau, ein wenig weniger als ihr Hund, eine Nebensache, ein Spielwerk, ein Zeitvertreib, und man nahm ihn jetzt, um eine Leidenschaft zu stillen, wie er übrigens gar viele Frauen genommen hatte, um eine Laune zu befriedigen.

Dennoch, so demütigend seine Rolle auch wurde, nahm er sie an, indem er dachte, dass er von dem Tage an, wo er wirklich der Geliebte dieser Frau wäre, genug Herrschaft über ihren Verstand, wo nicht über sein Herz gewinnen würde, um zum Mindesten von der Stellung als Nebensache zu der der Nützlichkeit überzugehen. Edouard gehörte zu denen, welche glauben, dass die Liebe die Hauptsache in dem Leben der Frauen ist, und dass der, dem es gelingt, sich dieser Liebe zu bemächtigen, ihr Herr wird. Er irrte sich, besonders in Bezug auf Hermine, bei der eine ausnahmsweise Erziehung mehr die Einbildungskraft überspannt als das Herz entwickelt hatte. Sie kannte sich vollkommen, und wir müssen zu ihrem Lobe sagen, dass sie offenherzig mit ihm war. Sie liebte ihn, sie fand es ganz natürlich, es ihm zu sagen, wie auch ihm von dem Tag an ihr Herz zu verschließen, an welchem sie ihm ihr Haus verbot. Da ihr aber, wenn sie auch die Liebe für eine ziemlich angenehme Zerstreuung hielt, die Welt als ein reizendes Vergnügen erschien, so wollte sie das Vergnügen nicht der Zerstreuung opfern. Deshalb verlangte sie streng gehaltene Verschwiegenheit.

Was Edouard anbelangt, so hatte er keine Liebe für sie. Wenn sie ein sanftes und furchtsames Mädchen gewesen wäre, so würde er sich stark bei ihr gefühlt und sie vielleicht geliebt haben, wäre es auch nur, um in seinem Leben eine Romanliebe zu haben. Wenn Hermine, welche den Vorurteilen unter vier Augen trotzte, ihnen vor den Augen aller getrotzt hätte, wenn sie ihn, der jung, unbekannt war, trotz der Welt genommen und ihm sozusagen auf die Stirne geschrieben hätte: »Dieser Mann ist mein Geliebter!«, so wäre er närrisch darüber geworden, weil sein Vergnügen und seine Eitelkeit ihre Rechnung dabei gefunden hätten. Aber eine geheime, mit Todesdrohungen bei dem geringsten Mangel an Verschwiegenheit begleitete Liebschaft, alles das war nicht sehr einladend für einen Mann, der an Herzen ohne Verteidigung gewohnt war, die sich gleich den spanischen Zitadellen bei dem ersten Angriff ergeben und die niemals eine Waffe gegen die Belagerer finden, sobald sie einmal die Herrn geworden sind. Er nahm daher auch das, was ihm Hermine anbot, nur deshalb an, weil man nicht alle Tage ein schönes junges Mädchen findet, welches das ganze Feuer seiner ersten Liebe uns zuwirft, und weil er sich sagte, dass es auch ihm immer freistehen würde, diese nächtliche Ehe zu brechen und dieses Abenteuer durch die Entwicklung zu beenden, die ihm anstände.

Wir müssen indessen sagen, dass diese Ideen, die augenscheinlich mit jedem Tag klarer werden mussten, anfangs in Edouards Geist dem jungen Mädchen gegenüber nur dunkle Instinkte sein konnten. Wenn er sie anhörte, wenn er ihre sanfte Hand ergriff, so hielt er sich für fähig, allem für sie, für die Frau Trotz zu bieten, deren Herz so naiverweise die Offenbarung eines unbekannten Glücks von ihm verlangte, deren Seele sich ihm mit all dem Erstaunen und all der Wonne einer ersten Liebe hingab. Auch sie, die ihre Leidenschaft anfangs auf so kalte Weise überlegt hatte, schien gänzlich verändert; sie liebte, die Welt und die Zukunft vergessend; sodass, als Edouard ungefähr gegen drei Uhr morgens dieselbe halsbrecherische Reise wieder begann, um in seine Wohnung zurückzukehren, die er gemacht hatte, um sie zu verlassen, alles in seinen Augen in poetischem Licht erschien und dass er nur noch auf das Leben hielt, um sich am folgenden Tag von Neuem dem Tod aussetzen zu können.

VI. Die Entwicklung

Als Edouard erwachte, war er überzeugt, dass er rasend verliebt in Hermine wäre. Er legte Gelübde der Treue und Verschwiegenheit ab und dachte nur an den glücklichen Augenblick, an welchem er zu ihr zurückkehren könnte. Alles ereignete sich das zweite Mal wie am Tage zuvor, nur war Edouard ein wenig mehr geübt und rutschte mit bewunderungswürdiger Schnelligkeit und Sorglosigkeit über seine Brücke. Am zweiten Tage dieselbe Liebe, dasselbe Vertrauen. Endlich, da die folgenden Tage einander glichen, so gab es nach Verlauf von acht Tagen in Paris keinen Mann, der fähig war, so gut wie Edouard über eine Planke zu gehen. Angenommen, dass die Sache ein Jahr hätte dauern können, so wäre er einer der ausgezeichnetsten Seiltänzer der Hauptstadt geworden.

Die zehn bis zwölf ersten Tage schienen Edouard nicht lang. Er füllte sie mit den Erinnerungen des vorigen Tages und der Hoffnung auf den Abend aus, aber es schien ihm, dass sie allmählich langweilig würden, und er fühlte das Bedürfnis, seine ehemaligen Freunde wiederzusehen, die er seit seiner neuen Liebe vernachlässigt hatte. Was Marie anbelangt, die sich so leicht in die Abtrünnigkeit ihres Geliebten zu fügen schien, so hätte sie wohl gern wissen mögen, was aus ihm geworden wäre, und es wäre ihr sogar nicht unlieb gewesen, wenn es der Zufall übernommen hätte, sie auf irgendeine Weise zu rächen. Aber wie sie es auch angriff, sie konnte nichts erfahren, als dass man Edouard nirgends sähe, weder auf der Promenade, noch im Theater, und dass man anfinge zu glauben, er habe sich, wie Curtius[1], in einen Schlund gestürzt. Da erschien er mit einem Mal wieder auf dem Boulevard, dem täglichen Rendezvous seiner Freunde.

[1] Der römische Soldat Marcus Curtius stürzte sich einer alten Legende nach mit Pferd und Waffen in einen Erdspalt, der sich nach einem Erdbeben auf dem Forum Romanum geöffnet hatte, weil sich einer Weissagung nach nur mithilfe dieses Opfers, welches durch den dargestellten Mut und die Tapferkeit die Macht Roms symbolisierte, der Spalt wieder verschließen ließe.

Einer der Ersten, den er wiedersah, war Edmond, der immer noch eine Wohnung und eine Geliebte suchte, und es versteht sich von selbst, dass er weder die eine noch die andere fand.

»Ah, mein Lieber«, sagte er zu Edouard, »es sind eine Frau wie Marie und eine Wohnung wie die deinige, welche ich bedürfte!«

»Marie willigt also nicht ein, dich zu lieben?«

»Leider nicht!«

»Wie empfängt sie dich?«

»Zuweilen schlecht, oft aber sehr schlecht.«

»Suche auf einer anderen Seite.«

»Ich kenne keine andere Seite.«

»Was soll ich dir sagen? Warte.«

»Wenn ich noch ausziehen könnte! Aber es ist unmöglich, eine Wohnung zu finden. Du findest auf der Stelle eine.«

»Suche.«

»Ich tue nichts weiter. Da du einmal im Zug bist zu verlassen, so verlass deine Wohnung und tritt sie mir ab.«

»Dann leb wohl.«

»Leb wohl.«

Und am Abend, um Mitternacht, legte Edouard von Neuem den luftigen Pfad zurück, den er am Tag zuvor zurückgelegt hatte und den er am folgenden Tag wieder betreten sollte.

Indessen wurde dieses Leben ein wenig einförmig. Verschiedene Male hatte er Partien ausgeschlagen, die er vierzehn Tage früher mit Vergnügen angenommen und die ihm trotz des neuen Stands der Dinge noch sehr belustigt hätten. Er sah alle seine Freunde das Leben fortsetzen, in das er sich ehedem gemischt, und er fing an, sie weit glücklicher zu finden als sich. Sobald die ersten Stunden des Rauschs vorüber, begann er, über die lächerliche Stellung nachzudenken, die er sich schuf, und seine ersten Ansichten kehrten ihm wieder zurück, aber noch dringender und bestimmter als das erste Mal. Wenn er zufällig einen Abend frei hatte, so war es, weil Hermine auf den Ball ging und den Kleidern, den Blumen, dem Tanz die Zeit schenkte, die man ihm alle Tage hätte widmen sollen. Wie wir gesehen haben, war er nicht sehr ernstlich verliebt, aber er überredete sich, als ob er es wäre, und er war gegen Hermine ungehalten über eine Sache, die sehr oft ihm selbst höchst angenehm gewesen wäre. Wenn nun aber die Vorteile groß waren, so waren dagegen auch die Verpflichtungen ungeheuer, sodass, sei es nun, dass er die Nachtwachen nicht ertragen konnte oder dass der Charakter Hermines überspannt in seinen Forderungen war, Edouard sich sichtlich langweilte.

Die Bälle gingen vorüber. Hermine wollte dieselben wohl besuchen, aber sie willigte nicht ein, dass ihr Geliebter die Abende der Freiheit, welche sie ihm ließ, zu etwas anderem anwende, als an sie zu denken, und da sie in der Frau, welche sie immer auf die Opernbälle begleitete, eine sehr gut eingerichtete Polizei besaß, so hätte sie ihm, wenn sie erfahren, dass Edouard die Nacht nicht zu Hause zugebracht, am folgenden Tag eine Szene der Vorwürfe und der Eifersucht gemacht. Edouard fühlte daher, dass seine Stellung, je länger sie daure, umso weniger haltbar sei, und der geringste Vorfall ihn und seine Planke in den Augen seiner Freunde schimpflich lächerlich machen würde.

Mehrere Male hatte er versucht, mit Hermine die Stunden der Traurigkeit zu teilen, die er bereits in der Seele hatte, die sich aber seit einiger Zeit weit häufiger zeigten. Dann setzte er sich zu ihren Füßen und wollte während einiger Minuten die Geliebte bei der Freundin vergessen; aber er wurde bald gewahr, dass die tiefsinnige Plauderei, welche selbst die glücklichsten Leute austauschen und die wie ein Schlummer erquickt, dem jungen Mädchen gänzlich unbekannt war. Sie hatte nicht einmal die Nachgiebigkeit des Herzens, welche Marie hatte, die, so ausgelassen sie auch war, das Lächeln auf ihren rosigen Lippen verschwinden ließ, sobald Edouard traurig war. Zwanzig Male hatte er ihre Hände ergriffen und Hermine mit jenem Glück, das jeder Mensch empfindet, von seinem Leben zu sprechen, so gleichgültig es auch für andere sein möge, so einförmig es auch für ihn selbst gewesen ist, seine erste Jugend erzählt, und sozusagen in der Liebe seiner Geliebten die Fortsetzung der Liebe seiner Mutter gesucht, aber niemals war ein Wort des Trostes über die Lippen des jungen Mädchens gefallen, deren glühendes, den Leidenschaften offenes Herz den Gefühlen verschlossen schien.

Als Edouard diesen Liebeshandel in alldem annahm, was er Überspanntes und Neues für ihn hatte, hatte er ihn so viel wie möglich poetisch machen wollen, aber er war gezwungen sich einzugestehen, dass das etwas Unmögliches sei und dass er glücklicher wäre, Hermine nicht zu lieben. Endlich ereignete sich das, was sich ereignen musste, nämlich dass er, da er mit Ausnahme der Leidenschaft nichts Wahres an dieser Frau fand, sie zu verachten begann und nur noch an das Mittel dachte, eine Verbindung zu brechen, die kaum seit zwei Monaten dauerte.

Der Vorabend des Donnerstags von Mitfasten kam herbei und Edouard legte an diesem Tag, wie an allen anderen, seine Planke zwischen die beiden Fenster, ging hinüber, zog sie zurück und nahm sie wieder, um auf ihr zurückzukehren.

»Sie werden morgen frei sein«, sagte Hermine. »Es ist der letzte Opernball und ich will ihn besuchen. Ich werde Sie dort sehen, nicht wahr?«

Es war so lange her, dass Edouard einen Ball besucht hatte, sodass er glücklich wie ein Kind über die ihm bewilligte Erlaubnis war, und er fand sich am folgenden Tag um ein Uhr in dem Saal ein.

Es war wieder Edmond, der zuerst auf ihn zukam.

»Nun«, sagte Edouard zu ihm, »nichts Neues? Hast du eine Wohnung gefunden?«

»Nein.«

»Und eine Frau?«

»Auch nicht.«

»Aber die, welche du soeben am Arme hattest?«

»Ist Marie.«

»Und immer noch unerbittlich?«

»Immer noch.«

»Umso besser für dich, weil nicht alles rosig bei den Frauen ist.«

»Hättest du etwa Herzenskummer?«

»Nein, aber ich will dir gestehen, dass ich sehr besorgt bin.«

»Erzähle mir das.«

»Du bist zu plauderhaft.«

»Erzähle es immerhin.«

Edouard empfand schon seit langer Zeit das Bedürfnis, jemandem seine Abenteuer und sein Missgeschick mitzuteilen. Er begann demnach, Edmond, der ihm Verschwiegenheit versprach, zu erzählen, wie er Hermine kennen gelernt, die Briefe, welche er von ihr empfangen, die Zusammenkünfte jeden Abend, die Überspanntheit ihres Charakters, und ihm endlich alle Gründe zu entwickeln, die ihn nötigten, sein Versprechen zu brechen. Edmond hörte ihn sehr aufmerksam an. Als Edouard geendet hatte, sagte er:

»Es bleibt dir nur, einen Entschluss zu fassen.«

»Welchen?«

»Auf Reisen zu gehen.«

»Ich dachte daran. Apropos …«

»Was?«

»Wenn du willst, so reise ich ab und lasse dir meine Wohnung.«

»Ich wollte dich darum bitten. Und wann?«

»Gleich morgen. Das Verdienst großer Entschlüsse ist, dass man sie rasch ausführt. Ich habe immer Lust gehabt, die Pyramiden zu sehen, ich will die Gelegenheit nutzen.«

›Ich bin der glücklichste Mensch auf der Welt!‹, dachte Edmond.

»Wir sind einverstanden«, fuhr Edouard fort. »Ich überlasse dir meine Möbel, bei meiner Rückkehr gibst du sie mir zurück.«

»Vortrefflich!«

»Aber verschwiegen!«

»Sei doch unbesorgt!«

»Nun denn, auf morgen Mittag, bei mir.«

»Ich werde mich einstellen; leb wohl.«

Edouard ließ sich die Loge Nummer 20 öffnen, in welcher sich Hermine befand.

Was Edmond anbelangt, so wusste er sich vor Freude nicht zu fassen, diese Wohnung zu haben, nach der er sich so sehr gesehnt hatte. Ein Domino nahm ihn beim Arme. Er erkannte Marie.

»Edouard ist hier?«, sagte sie.

»Ja.«

»Loge Nummer 20, nicht wahr? Ich habe ihn soeben mit einem Frauenzimmer in ihr gesehen.«

»Vielleicht.«

»Sie kennen sie? – Sagen Sie mir nur ihren Namen.«

»Ich weiß ihn nicht.«

»Sie lügen!«

»Alles, was ich Ihnen sagen kann, ist, dass ich seine Wohnung übernehme. Wenn Sie mich dort besuchen wollen?«

»Wo geht er hin?«

»Er geht auf Reisen.

»Warum?«

»Ah, das ist es!«, äußerte Edmond in dem Ton eines Mannes, der halb in ein Geheimnis eingeweiht ist und der Verschwiegenheit affektiert.

»Mein lieber Edmond«, sagte Marie schmeichelnd, »sagen Sie mir, warum?«

»Sie sind zu plauderhaft.«

»Ich bitte Sie. Ich werde Sie sehr lieb haben.«

»Gewiss, und Sie werden niemandem etwas von dem Geheimnis sagen?«

»Sie werden sehen.«

Und Edmond begann Marie Wort für Wort das zu erzählen, was ihm Edouard soeben gesagt hatte.

»Ah! Eine schöne Geschichte!«, äußerte Marie.

»Aber vor allem sagen Sie nichts davon.«

»Rechnen Sie auf mich. Entschuldigen Sie, da ist jemand, den ich kenne.«

Marie verließ Edmond, als ob sie mit jemand zu sprechen hätte, dann verließ sie den Saal und sah durch die Scheibe der Loge. Edouard war noch darin, aber einige Augenblicke nachher trat er heraus. Als er den Ball verlassen, stützte sie ihre Hände auf die Öffnung des Fensters, erhob sich auf die Fußzehen und sagte:

»Ist die Planke noch immer fest?«

Hermine wandte sich um, als ob sie eine Natter gestochen hätte, aber Marie war bereits unter ausgelassenem Gelächter verschwunden.

Hermine öffnete die Loge und verließ gleichfalls den Ball.

Was Edouard anbelangt, so war er nach Hause zurückgekehrt und hatte sich zu Bett gelegt, um früh aufstehen und alle seine Vorbereitungen zur Abreise treffen zu können. Gleich am Morgen ging er aus, um sich auf der Mallepost[1] nach Marseille einschreiben zu lassen, nahm seinen Pass, holte sich Geld von seinem Notar und um halb zwölf Uhr war er wieder zu Hause.

Um zwölf Uhr kam Edmond.

»Du reist immer noch?«

»Du siehst«, sagte Edouard, indem er ihm seine halb gepackten Koffer zeigte.

»Ich kann also alles herbringen lassen, was ich habe?«

»Gewiss.«

»Ich werde bis sechs Uhr bei dir bleiben und dich auf die Mallepost begleiten.«

»Sehr schön.«

Edmond begann, vor Freude strahlend, seine neue Wohnung zu besuchen. Als er an das Toilettenkabinett gekommen war, sagte er:

»Ah, das ist die berühmte Planke?«

»Ja.«

»Ah, ich verstehe: Du stütztest sie auf die beiden Fensterbänke und du gingst deiner Wege, glücklicher Schelm, du! Und um Mitternacht gingst du hinüber?«

»Ja.«

[1] Felleisen- oder einfach Briefpost; hier: Mithilfe dieses Postvertriebs konnten Sendungen an einen verreisten Adressaten weitergeleitet werden, wenn dieser sich am Reiseziel bei der entsprechenden Anlaufstelle meldete; nach heutigen Maßstäben wäre das Ganze eine Art Nachsendeservice oder Kurierpost.

»Du gabst ein Signal?«

»Nein. Ich machte mein Fenster auf, sie öffnete das ihrige, und ich ging hinüber.«

»Wenn man dich aber gesehen hätte?«

»Es war weder Licht bei ihr noch bei mir, und außerdem ist das Haus nicht bewohnt. Das Zimmer, in welchem sie mich empfing, ist von den übrigen Zimmern getrennt, und ihre Tante bewohnt den andern Teil des Hotels.«

Als die Koffer gepackt waren, gingen die beiden Freunde miteinander aus.

»Ich gehe auf Reisen«, sagte Edouard zum Portier. »Der Herr wird meine Wohnung während meiner Abwesenheit beziehen. In vier Monaten werde ich zurück sein; übrigens sind sechs vorausbezahlt.«

»Ja, mein Herr. Hier ist ein Brief, der soeben angekommen ist.«

»Geben Sie.«

Edouard erkannte die Handschrift Hermines.

»Sie empfiehlt mir, heute Abend nicht zu fehlen«, sagte er zu Edmond, nachdem er den Brief gelesen hatte. »Heute Abend werde ich zwanzig Stunden weit von Paris sein.«

In der Tat, um sechs Uhr war Edouard abgereist.

In seine neue Wohnung eingezogen, ging Edmond um Mitternacht in das Kabinett und machte das Fenster auf. Das Hermines öffnete sich zu gleicher Zeit. Es war nebelig und keine Mauer zu sehen. Er nahm die Planke, schob sie vorwärts und fühlte, dass eine Hand sie am anderen Ende ergriff.

›Endlich‹, dachte er, ›ist da eine Frau! Es müsste wohl mit dem Teufel zugehen, wenn es mir dieses Mal nicht gelänge, mich anbeten zu lassen.‹

Und er begann, nicht ohne ein gewisses Herzklopfen, die Planke zu besteigen. Nach Verlauf eines Augenblicks fühlte er eine Hand, die ihn verhinderte vorzurücken, und er hörte eine Stimme, welche zu ihm sagte:

»Sie wissen, was ich Ihnen das erste Mal gesagt habe, wo ich Sie gesehen.«

»Was denn?«

»Dass, wenn Sie jemals von mir sprächen, ich Sie töten würde! Ich halte Wort!«

Und in demselben Augenblick stieß das junge Mädchen die Planke zurück, welche hinunterfiel und in dem Getöse ihres Falls den letzten Schrei Edmonds erstickte.

Vier Monate nachher kehrte Edouard zurück, wie er es gesagt. Als er in seiner Straße ankam, sah er, dass man Hermines Hotel abbrach. Er fragte, ob Edmond zu Hause sei. Nun erzählte ihm der Portier, dass man am Tag seiner Abreise die Leiche seines Freundes in dem Hof mit einer Bohle gefunden hätte, die ihm im Fallen den Kopf zerschmettert hatte.

»Man hat niemals erfahren, was er mit dieser Bohle machen wollte«, fügte der Portier hinzu.

Edouard erriet alles und war stumm vor Entsetzen.

»Und warum bricht man das Hotel hier nebenan ab?«, fragte er.

»Weil Fräulein Hermine es vor drei Monaten bei ihrer Abreise nach Italien verkauft hat und der neue Eigentümer es wieder verkauft hat, damit man eine Straße an diesem Ort durchbrechen kann.«

Edouard war wie von Sinnen. Er ging in seine Wohnung hinauf, fand alles in demselben Zustand, sah das Fenster, das man noch nicht abgebrochen, so wie er es verlassen hatte, wieder, kleidete sich an, ging aus, eilte zu Marie und fand gerade dieselben Personen, welche er sechs Monate zuvor, zurzeit, wo wir diese Geschichte begonnen haben, dort angetroffen hatte. Nur spielte man statt Landsknecht Vingt-et-un[1].

Das war alles, was sich in dem Leben seiner ehemaligen Geliebten geändert hatte.

[1] Siebzehnundvier

Taschenschmöker aus Vergangenheit und Gegenwart

Neu und wieder aufgelegt

Berlin 2016

Marie Dorval

Eine Novelle von

Alexandre Dumas

Edition Dornbrunnen

Taschenschmöker aus Vergangenheit und Gegenwart

Übersetzung der Texte aus dem Französischen von
August Schrader *(La Dernière année de Marie Dorval)*
Nach den Ausgaben des Verlags von Christian Ernst Kollmann, Leipzig 1856
Behutsam modernisiert

Korrekturen und Lektorat: Dirk Seliger 

I

Man sagt, dass die dramatischen Künstler, wenn sie aus der Welt scheiden, nichts hinterlassen – wie unwahr ist dieser Satz! Sie hinterlassen die Dichter, deren Werke sie dargestellt haben, und wenn diese Dichter außer ihrer Feder auch ein Herz besitzen, so müssen sie sagen, welche Heilige und Märtyrer mitunter jene Parias[1] der Gesellschaft sind, die man dramatische Künstler nennt.

Der Verfasser erfüllt eine heilige Pflicht, wenn er das letzte Jahr aus dem Leben Marie Dorvals, wenn er die letzte Stunde ihres Todes erzählt; denn viele haben die Künstlerin, aber nur wenige die Heilige und Märtyrerin gekannt, an deren Grab heute Tränen des tiefsten Schmerzes fließen.

Unsere Marie hatte drei Töchter, die eine von diesen Töchtern, Caroline, heiratete René Luguet, den man »den lustigen Luguet« nennt, wenn man ihn auf dem Theater seine Rollen spielen sieht.

Chateaubriand staunt über die Menge Tränen, welche das Auge der Könige enthalten.

Armer Künstler, du hast einen königlichen Kummer gehabt, denn du hast viel geweint!

Luguet hatte einen Sohn, der in der Taufe den Namen Georges erhielt.

Dieses Kind war ein Wunder von Schönheit und Intelligenz, eine jener duft- und farbenreichen Blumen, die beim letzten Nachthauch ihren Kelch öffnen und vor der Morgenröte gepflückt werden müssen.

---

1 Ausgestoßene

An dem Tag, an dem der guten Großmutter dieses Kind geboren ward, strahlten Freude und Seligkeit in ihren Blicken. Und wahrlich, es war dieser Knabe nicht für den Vater und die Mutter geboren, sondern für sie – sie nahm ihn am Tag seiner Geburt in ihre Arme, und behielt ihn auch – man kann es wohl sagen – bis zum Tag seines Todes in ihren Armen.

Bevor ich umständlicher die Schmerzen der Mutter schildere, werde ich in wenigen Zeilen das kurze Leben eines Kindes beschreiben.

Die Dorval nahm den kleinen Georges in seinem dritten Jahr – mit vier und einem halben Jahr starb er – mit sich auf eine ihrer jährlichen Reisen in das südliche Frankreich. Sie besuchte Avignon, Nimes, Perpignan und Marseille. Es darf nicht unerwähnt bleiben, dass die Dorval die Hauptstütze, der Eckstein dieser Familie war, dass sie fast allein die Bedürfnisse derselben bestritt.

Das Kind wusste davon nichts, ihm war unbekannt, dass man bei den Bravos und Blumen auch Geld gebrauchte; es sah nur die Blumen und hörte nur die Bravos.

In einer der genannten Städte hatte man das Kind einmal in das Theater geführt, es war Zeuge von den Triumphen seiner Großmutter. Während der Saal von einem tobenden Beifallssturm widerhallte, klatschte auch Georges mit seinen kleinen Händen. Da sagte die Großmutter:

»Georges, es wird für dich zu anstrengend sein, wenn du jeden Abend in das Theater gehst. Bevor ich die Wohnung verlasse, werde ich dich zu Bett bringen, mein kleiner Georges, und wenn ich zurückkehre, werde ich dich wieder wecken, um dich zu küssen.«

Er antwortete ihr:

»Geh, Großmutter, gehe ruhig fort; der kleine Georges wird ganz allein aufwachen!«

Und wahrlich, wenn die Dorval mit ihrem Geldsack und ihrem Arm voll Blumen heimkehrte, so hörte sie immer deutlicher, je nachdem sie die Treppe hinanstieg:

»Bravo, Dorval, bravo, Dorval!«

Und zugleich vernahm sie das Klatschen der beiden kleinen Kinderhände.

Es war Georges, der, durch einen magnetischen Stoß erwacht, der Großmutter mit seinen kleinen Händen und seiner feinen Stimme Beifall zollte.

Kaum war sie in das Zimmer getreten, so warf sie ihren Geldsack auf den Tisch, eilte zu der Wiege des Kindes, schüttete die Kränze und Bouquets darüber aus und suchte nun das blonde Köpfchen ihres Cherubims in den Blumen. Hatte sie ihn gefunden, so küsste und umarmte sie ihn mit mütterlicher Leidenschaftlichkeit.

Das Kind spielte noch einige Minuten mit den Kränzen und Sträußen, dann entschlummerte es unter Rosen, Tausendschönchen und Nelken.

Die Dorval nahm ihre Bibel, die sie stets begleitete; sie las noch kurze Zeit andächtig darin, küsste noch einmal die Stirn ihres Georges, indem sie flüsterte: »Schlafe, mein Jesuskind!« Dann ging sie leise und vorsichtig, um das Kind nicht wieder zu wecken, in ihr Bett; aber sehr oft wachte sie noch lange, die Sorgen um das materielle Wohl ihrer Familie verscheuchten ihr den Schlaf.

II

Dieses Kind war der Dorval alles.

Es zählte drei und ein halbes Jahr und war gewöhnlich still und ernst. Man konnte sich nicht darüber wundern; jene große Seele, die zu ihm hinabstieg, hob es zu gleicher Zeit zu sich empor; beide begegneten sich auf der Hälfte des Wegs – dann täuschte sie sich in seinem Alter, und da sie seinen frühzeitigen Verstand bemerkte, sprach sie zu ihm wie zu einem zwanzigjährigen jungen Mann.

Die Dorval kam mit dem Wunsch in eine Stadt, abends zu spielen; das arme Wesen hatte nicht mehr Zeit als die Nachtigall zu verlieren, die ihre ganze Brut ernähren muss; – sie kam also mit dem Wunsche, ja noch mehr, mit dem Bedürfnis in eine Stadt, denselben Abend noch zu spielen. Sie legte ihr Reisekostüm ab, zog ihr schönstes Kleid an und sagte zu dem Kind:

»Ich gehe zum Direktor, mein kleiner Georges; hier, nimm die Bibel, besieh, während ich abwesend bin, die Bilder der Heiligen und sei hübsch artig, damit du einst, wie diese, in den Himmel kommst.«

»Ja, Großmutter!«, antwortete das Kind.

Es setzte sich in einiger Entfernung vom Kamin auf einen Stuhl und versprach, dem Feuer nicht zu nahe zu kommen. Georges hielt Wort, während die Großmutter ausging, um bei dem Direktor ihr Geschäft zu besorgen.

Hoffnungsvoll ging sie aus, aber schon nach einer halben Stunde kam sie traurig zurück.

Das Kind sah ihre Traurigkeit und streckte ihr beide Ärmchen entgegen.

»Was ist dir, Großmutter?«, fragte Georges.

»Ach, sprich nicht davon, es ist abscheulich!«, antwortete die Dorval.

»Was denn?«

»Dieser elende Direktor lässt mich kommen, schreibt mir, ich solle keine Zeit verlieren, es sei alles vorbereitet, man erwarte nur meine Ankunft; nun bin ich da, und es ist kein Repertoire vorhanden, man kann kein Stück zur Aufführung bringen, wir müssen acht Tage auf Geld warten – was sagst du dazu, Georges, mein lieber, kleiner Engel?«

Sie warf sich auf das Kind, schloss es in die Arme und drückte es krampfhaft an die Brust.

»Habe Geduld, Großmutter!«, sagte die feine Stimme des Kindes, das durch die Küsse fast erstickt wurde.

»Ja, Geduld; wer wird nicht mit dir Geduld haben, mein süßer Georges! Aber was fangen wir an, sprich?«

»Wir machen Spaziergänge, Großmutter; wir gehen zu Fuß aufs Land, das kostet nicht so viel als wenn wir fahren – du weißt ja, dass ich gut laufen kann!

»O mein Gott, mein Gott!«, rief die Dorval. »Hätte ich doch so viel Gold, um diesen Engel damit zu bedecken!«

Dann zog sie ihrem Georges die schönsten Kleider an, ergriff seine Hand und führte ihn spazieren; oft trug sie ihn gegen seinen Willen spazieren. Die müßigen Leute der Provinz sahen sie vorübergehen und sagten:

»Das ist die Schauspielerin aus Paris, Madame Dorval! Man sagt, dass der Theaterdirektor ihr fünfhundert Francs zahlt für den Abend.«

Und man beneidet das arme Wesen, das vielleicht noch acht Tage warten muss, ehe es den fünften Teil dieser Summe verdient.

In einem öffentlichen Garten von Marseille fiel der kleine Georges einst in ein Bassin und verschwand. Die Großmutter wollte sich ihm nachstürzen – René Luguet hielt sie zurück, sprang hinein und zog das Kind heraus.

Fast hätte sie es erstickt, als sie es umarmte und küsste.

Man gab ihr die Rolle der Marie-Jeanne.

Alle Welt kennt Marie-Jeanne.

Ich begegnete ihr.

»Weißt du, dass ich eine Rolle habe?«, fragte sie mich.

»In welchem Stück?«

»In dem Stück ›Marie-Jeanne‹!«

»Was ist das für ein Stück?«

»Es kommt eine Mutter darin vor, die ihr Kind verloren hat, und ruft: ›Mein Kind! Ich will mein Kind wieder haben!‹ O, ich werde in dieser Rolle gut sein, verlass dich darauf! Du wirst mich doch sehen, mein Freund, nicht wahr?

»Ja!«

»Komm nur, ich werde für dich spielen!«

O gutes Geschöpf! Große Künstlerin!

Dann erzählte sie zunächst dem kleinen Georges ihr Glück.

»Weißt du, dass ich eine Rolle habe, mein Kind?«, sagte sie ihm.

»Ach, Großmutter, wie freut mich das! Du hast dir so lange eine Rolle gewünscht.«

»Setze dich dorthin, ich will dir den Inhalt des Stücks erzählen.

Sie setzte sich neben dem Kind auf der Erde nieder und ergriff die Hand desselben.

»Mein Kind«, sagte sie, »ach, es ist schrecklich! Denke dir, eine Mutter ist arm, so arm, dass sie ihr Kind verlassen muss, ihr armes, so herzlich geliebtes Kind. Ich würde es nie verlassen, verstehst du, nie! Und wenn nur noch ein Stückchen Brot im Haus wäre, ich würde es ihm geben. Wäre keins mehr da, so würde ich es stehlen. Aber was sage ich da? Nein, das Stehlen ist nicht erlaubt. Kurz, ich weiß nicht, was ich machen würde, aber dass ich mich nicht von ihm trenne, steht fest. Denke dir, Georges, man setzt ein armes Kind von deinem Alter, kleiner noch als du, in eine Art Gefängnis, wo die Mütter ihre Kinder und die Kinder ihre Mütter nicht wiedersehen. Und doch gibt es Frauen, die so etwas tun!«

»Großmutter! Großmutter!«, rief das Kind, in Tränen ausbrechend.

»O, jetzt bin ich fest in meiner Rolle!«, rief die Dorval. »Ich werde sie für unsern kleinen Georges spielen, Luguet, den du weinen siehst. Weine nicht, Georges, weine nicht, mein Kind! Frauen, die so etwas ausführen können, sind keine wahren Mütter, und ich, ich bin seine Mutter, Georges, ich bin deine gute Großmutter. Umarme mich! Wie töricht bin ich, mein Kind zum Weinen zu bringen!«

Und sie selbst begann zu weinen; aber sie weinte wie die Dorval, unter Schluchzen und Seufzen.

Nun entschlüpfte das Kind ihren Armen und tat alles, um der Großmutter wieder ein Lächeln abzugewinnen. Es spielte die Rollen des Vaters, machte einen Buckligen nach und sprach wie Pulcinella, bis sie nicht mehr weinte, bis sie endlich lachte.

Dann warf sich der arme kleine Schauspieler von vier Jahren in ihre Arme und rief:

»O, ich wusste es wohl, Großmutter, dass ich dich zum Lachen bringen würde!«

III

Das Kind war vier und ein halbes Jahr alt.

Eines Tages kam die Dorval von einem Gang zurück. Es war gegen 5 Uhr, kurz vor dem Mittagsessen.

Der kleine Georges, der zu Hause geblieben war, erkannte ihren Schritt, lief ihr bis zu der Tür entgegen, und rief freudig, wie er stets zu tun pflegte, wenn er sie sah:

»Ach, da bist du ja, Großmutter!«

Sie hob ihn empor, um ihn zu küssen. Da fühlte sie plötzlich, dass das Kind, anstatt sich in seiner Freude zu ihr emporzuheben, mit seinem ganzen Gewicht an ihr hing, ihren Händen entglitt und in sich selbst zusammensank.

Sie glaubte, es sei ein Spiel des Knaben, und hob ihn wieder auf. Als dieselbe Schwäche eintrat, lachte sie anfangs darüber, dann zankte sie ihn aus. Endlich bemerkte sie, dass das Kind einer Ohnmacht nahe war.

Sie rief, sie schrie und zeigte auf Georges, der zu ihren Füßen lag. Man eilte zu einem Arzt. Während dieser Zeit verfiel das Kind in Krämpfe und verlor völlig das Bewusstsein.

Die einzige Person, die es mit den Augen suchte und wiederzuerkennen schien, als es zu sich kam, war die Dorval. Es heftete seine Blicke auf sie und mit einer Bewegung des Kopfes, die ausdrückte: »Ich komme von weither zurück«, sagte es:

»Nun, Großmutter?«

Eine halbe Stunde später zeigte sich die Gehirnentzündung auf die schrecklichste Weise. Am 16. Mai 1849, nach einem elftägigen Todeskampfe, hauchte das Kind auf den Knien seines Vaters den letzten Atem aus.

Vergebens hatte man die zärtlichste und verständigste Sorgfalt verwendet. Die Herren Andral, Recamier, Tardieu, die Camille Doucet herbeigeholt, die Herren Delpech Vater und Sohn hatten sich am Bett des kleinen Kranken eingefunden – es war ihnen unmöglich gewesen, den Tod davon zu verscheuchen.

Der Schmerz des Vaters und der Mutter war groß; aber eine noch schrecklichere Angst als dieser Schmerz bemächtigte sich aller Gemüter.

Was konnte sich im Herzen, in der Gesundheit, in dem Leben der Großmutter ereignen, deren Licht und Abgott dieses Kind war?

Eine barmherzige Schwester hatte seit einigen Tagen am Bett des Kindes gesessen. Die Dorval schien eine große Freundschaft für sie zu hegen.

Ihr außerordentlich zartfühlendes Herz war für alles empfänglich, was von Gott kam oder zu Gott ging.

Man ließ beide allein und ging in das Zimmer des Herrn Merle, der um jene Zeit schon das Bett hütete.

Aber Luguet konnte hier nicht lange ausharren. Er horchte an der Tür des Zimmers, in welchem sich neben der zum Sarg gewordenen Wiege des toten Kindes die barmherzige Schwester und die Dorval befanden.

Es kam ihm vor, als ob er Lachen und Singen hörte.

Da es sich von der barmherzigen Schwester nicht erwarten ließ, so musste es Marie Dorval sein, die lachte und sang.

Ein fürchterlicher Gedanke stieg in ihm auf.

Sollte sie wahnsinnig geworden sein?

Er trat in das Zimmer.

Und in der Tat, die Dorval lachte und sang. Die barmherzige Schwester, höchlich erschreckt, zeigte mit dem Finger nach ihr.

Sie schien sich dessen, was geschehen, durchaus nicht bewusst zu sein; sie hatte nicht mehr Aufmerksamkeit für die Kindesleiche als für einen andern Gegenstand. Als sie Luguet erblickte, sprach sie nur von seiner letzten Rolle, die er im Palais-Royal gespielt hatte.

In diesem Zustand verblieb sie drei Tage.

Man hätte nicht glauben mögen, dass das arme Kind gestorben sei. Vater und Mutter kamen jeden Augenblick, um nachzusehen, ob Georges aus seinem schrecklichen Schlummer nicht erwacht wäre.

Am dritten Tag endlich musste man daran denken, ihn zu begraben.

Die Großmutter selbst hüllte ihn in das Leichentuch, aber ohne Tränen, ohne einen Laut, ohne einen Seufzer; ihre Lippen umschwebte ein Lächeln, als ob sie ihm seine Sonntagskleider anlegte, um mit ihm einen Spaziergang zu machen.

Man brachte den kleinen, inwendig ganz ausgepolsterten Sarg.

Als ob sie das Kind in sein Bettchen legte, so legte die Dorval es in den Sarg, sie sang dabei das Lied, mit dem sie es einst eingewiegt hatte.

Leider lag dieses »Einst« noch nicht so fern!

Der Vater stand still weinend da, einen Hammer und Nägel in der Hand haltend.

Als das Kind im Sarg lag, schob er die Dorval sanft beiseite, legte den Deckel auf den Sarg, hob ihn wieder empor, um den toten Georges zum letzten Mal zu küssen, schloss den Deckel abermals, und führte den ersten Hammerschlag aus.

Bei diesem ersten Hammerschlage stieß die Dorval einen Schrei aus, als ob der Nagel ihr in das Herz gedrungen wäre.

Dann raffte sie sich empor, stieß Luguet zurück, riss den Deckel vom Sarg, neigte sich über das tote Kind, breitete die Arme aus, wie Jesus, als er sein Kreuz zu tragen versuchte, und stieß Laute, Seufzer und ein Gewimmer aus, wie es nur aus dem Herzen der Mutter kommt.

Man hielt sie für gerettet!

Dies war der Anfang ihres Todeskampfes, des Kampfes des Herzens, der den Körper tötete, eines Todeskampfes, der gerade ein Jahr dauerte.

Die Priester kamen, die Totengräber trugen Georges fort, und die ganze Spur dieses jungen Lebens verschwand; nur der Schmerz unter den Zügen einer zusammengebrochenen, ohnmächtigen Mutter allein blieb zurück.

Man trug den kleinen Georges auf den Friedhof Montparnasse hinaus.

Bevor man das Haus verließ, hatte die Dorval gefragt, ob

man ihr allein das Zimmer einräumen wolle, in welchem das Kind den letzten Seufzer ausgehaucht habe.

Man hatte es ihr natürlich bewilligt. Sie war hineingegangen und hatte sich darin verschlossen.

Bei der Rückkehr fand man die Tür immer noch verschlossen. Man ehrte den großen Schmerz, der mit Gott allein sein wollte.

Als Marie Dorval darum nachgesucht, allein zu bleiben, hatte Luguet eine gewisse Besorgnis geäußert.

Sie aber hatte diese Besorgnis erraten und, indem sie lächelnd auf ihre Bibel gezeigt, geantwortet:

»Fürchten Sie nichts; die kurze Zeit, die ich noch zu leben habe, lohnt die Mühe nicht, dieses erhabene Buch zu verleugnen!«

So hatte man sie denn, wie wir bereits gesagt, allein gelassen.

Die immer noch verschlossene Tür erregte noch eine andere Befürchtung als die des Vorhandenseins eines Schmerzes, der die menschlichen Kräfte übersteigen konnte.

Die Tür blieb den Rest des Tages und die ganze Nacht verschlossen. Luguet und Caroline legten das Ohr an diese Tür und lauschten. Da hörten sie die Möbel rücken, sie hörten Schränke öffnen und schließen und von Zeit zu Zeit jene dumpfen und erstickten Seufzer, die aus einer zerrissenen Brust kommen.

Am folgenden Morgen gegen 8 Uhr endlich ward die Tür geöffnet. Die Dorval fand ihren Schwiegersohn und ihre Tochter auf den Knien vor dieser Tür.

Sie hatten die ganze Nacht so verbracht.

Ein Schrei der Überraschung entfuhr ihrem Munde: Das Zimmer war in eine Kapelle umgewandelt, Marie hatte alle profanen Gegenstände daraus entfernt und sie durch Erinnerungen an Georges und fromme Dinge ersetzt. Die Wiege des Kindes, völlig mit der Terrasse entrissenen Blumen bedeckt, stand wie ein antiker Altar in der Mitte des Zimmers.

Das Sofa hatte sie an die Seite der Wiege gezogen; es war

mit einem großen schwarzen Schleier bedeckt, dessen sie sich bediente, wenn sie zur Vesper in die Kirche ging.

Sie musste wohl kein anderes Bett mehr als dieses Sofa, keine andern Tücher als diesen Trauerschleier gehabt haben!

IV

Von diesem Tag an war für die beiden Kinder, für Luguet und Caroline nämlich, der Schlaf aus dem Hause verbannt.

Jede Nacht hörten sie ein erschreckliches Geräusch. Wohl zwanzig Mal in einer Nacht mussten sie, bald von klagenden Seufzern, bald von heftigem Schluchzen dazu aufgefordert, zu ihrer Mutter eilen.

Man fand sie stets auf dem Sofa neben der Wiege knien, indem sie mit Georges sprach, als ob er gegenwärtig wäre, oder sie fragte ihn, wo er sei, und ob er sich in den Armen der Engel und an der Brust Gottes ebenso wohl befände wie in den Armen seines Vaters, seiner Mutter und den ihrigen.

Dann unterbrach sie sich, nahm die Bibel, ihren einzigen Trost, und las mit lauter Stimme Psalmen oder Evangelien.

Luguet sah, dass es Zeit war, für diesen heftigen Schmerz eine Zerstreuung zu suchen; einige Zeit nachher ward Marie Dorval von Herrn Hostein für das *Théâtre-Historique* engagiert.

Dieses Engagement, das man für eine Zerstreuung gehalten, ward eine Quelle neuer Schmerzen. So oft sie dieses Zimmer verlassen musste, um nach dem Theater zu gehen, rang sie die Hände vor Verzweiflung, sie machte es sich wie ein Verbrechen zum Vorwurf, dass sie eine Stunde dem Andenken ihres Georges entriss, und dabei verfluchte sie ihren Stand.

Als der Vater und die Mutter in ihrer Gegenwart später nur selten von ihrem Kind sprachen, um den Schmerz der Großmutter nicht zu verdoppeln, nannte sie sie hartherzige, schlechte Eltern.

Sie hatten indes Geduld mit ihr und hofften, dass die Zeit

einige Ruhe in diese schmerzerfüllte Seele zurückbringen werde.

Eines Tages ging die Dorval am Morgen aus und blieb den ganzen Tag außer Haus. Man kann sich die Angst der Kinder denken, die sie während einer zehnstündigen Abwesenheit ihrer Mutter empfanden. Gegen 8 Uhr abends kam sie endlich in großer Aufregung zurück.

Luguet wagte es schüchtern, einige Fragen an sie zu richten, aber man sah bald, dass sie ein Geheimnis barg, das sie nicht aussprechen wollte.

Von diesem Augenblicke an ging sie täglich um dieselbe Stunde aus und kehrte regelmäßig um dieselbe Stunde zurück. Man hatte sich in dem an Kräften erschöpften Haus einigermaßen an diese Abwesenheit gewöhnt, und jeder ward nach und nach ein wenig ruhiger.

Man war der Meinung, Marie verbrächte ihre Zeit in der Kirche.

Aber eines Abends kam sie krank nach Hause; sie hatte einen heftigen Fieberfrost und hustete viel. Luguet prüfte sie aufmerksam und bemerkte, dass ihre Kleider durchnässt waren.

Es war im Winter, und den ganzen Tag hatte es stark geregnet. Wo hatte sie sich während des Regens aufgehalten, dem sie völlig ausgesetzt gewesen zu sein schien? Der Umstand ward beunruhigend.

Luguet beschloss, das Ziel ihrer Wanderungen zu erforschen. Um dies zu erfahren, brauchte er ihr ja nur am nächsten Morgen zu folgen.

Sie hatte einen Feldstuhl gekauft. Diesen Stuhl hatte sie durch eine große Kette und ein Vorlegeschloss an dem Gitter befestigt, das das Grab des kleinen Georges umgab. Jeden Morgen, selbst im stärksten Winter, ging sie auf den Friedhof und setzte sich mit der Bibel und einer Stickerei auf den Stuhl.

Wenn die Vorübergehenden, die sie seufzen gehört, den Wächter des Friedhofs fragten: »Was ist das dort?«, so antwortete er:

»Es ist die arme Madame Dorval, die um ihr kleines Kind weint.«

Folgten nun die Leute, die sie sehen wollten, der Allee, von wo aus sie das Seufzen gehört, so fanden sie eine Frau in tiefer Trauer, die sich dergestalt zusammengekauert, dass das Kinn die Knie berührte; in der Hand hielt sie die Bibel.

Man durfte nicht zugeben, dass sie auf diese Weise vor Frost und Schmerz umkam.

Luguet schützte eine Reise vor und ging mit ihr nach Orleans, um dort Gastvorstellungen zu geben.

Kaum waren sie aus dem Wagen gestiegen, als Luguet bemerkte, dass Marie verschwunden war.

Wohin, war nicht schwer zu erraten.

Er ließ sich den Friedhof bezeichnen und eilte dorthin.

Marie Dorval kniete an einem Kindergrabe, das sie aufgesucht hatte.

Luguet stand hinter ihr, und als sie nach einem zweistündigen ununterbrochenen Beten den Kopf erhob und ihn sah, stand sie auf, ging zu ihm, ohne ein Wort zu sagen, nahm seinen Arm und kehrte mit ihm nach dem Hotel zurück.

Während der ganzen Reise ging sie jeden Morgen, man mochte in Orleans oder in einer andern Stadt sein, auf den Gottesacker, nachdem sie Blumen, wo sie deren erlangen konnte, eingekauft hatte. War sie zwischen den Gräbern angekommen, so schloss sie die Augen und streute Blumen um sich her aus, wobei sie leise, halb bittend, halb klagend, die Worte sprach:

»Für die kleinen Kinder! Für die kleinen Kinder!«

Man kam nach Paris zurück, und alles begann von Neuem.

Eines Morgens besuchte sie Balzac und er las ihr »Die Stiefmutter« vor.

Die Künstlerin erwachte in der Dorval, soweit nämlich das Herz damit nicht in Berührung kam. Sie war entzückt von der Rolle; sie sprach vom Theater; sie sprach von der Art, wie sie diese neue Schöpfung aufgefasst, die sich, kaum vernommen, in ihrem Geiste schon abgezeichnet habe.

Dies war ein Freudentag für das Haus. Sollten sich die Fäden des Lebens, die man zerrissen glaubte, wieder zusammenknüpfen? War dies ein Erbarmen des Höchsten, eine Gnade von oben, ein göttliches Mitleid?

Nein, es war der letzte Sonnenstrahl. Während der Proben ward die Dorval von einem Unwohlsein befallen, das acht Tage anhielt; sie musste zu Hause bleiben und das Bett hüten.

Da erfuhr sie durch ein Gerücht – denn man hatte ihr weder durch einen Brief noch sonst auf eine Weise Nachricht davon gegeben – dass man ihr die Rolle der Stiefmutter abgenommen habe und dass diese Rolle von einer andern gespielt werden solle.

Ihr Kummer war schrecklich; diesmal fühlte sie sich in ihrer Würde als Künstlerin verletzt.

Balzac, der die Aufführung seines Stückes beschleunigt wissen wollte, ließ es geschehen.

Als Entschädigung bot man der Dorval einige Vorstellungen von »Marie-Jeanne«.

Sie nahm den Vorschlag an, denn sie musste ja bis zu dem Augenblicke leben, wo sie starb.

Sie spielte »Marie-Jeanne«.

Ich hatte bis dahin das Stück nicht gesehen, nun sah ich es.

Nie werde ich den Eindruck vergessen, den diese Vorstellung auf mich ausübte.

Ich beurteile hier nicht das Stück, ich weiß selbst nicht, was. Ward es wiedergespielt? Ich weiß es nicht. Das Stück war die Dorval, das heißt, wie sie mir selbst erzählte, »eine Mutter, die ihr Kind verloren hatte.«

Drei Dinge ergriffen mich vor allen andern.

Die Stimme, mit der sie zu ihrem Mann sagt:

»Sie haben mich verdammt, eine schlechte Mutter zu sein – ich kenne Sie nicht mehr!«

Dann die Art und Weise, wie sie die Tür wieder schließt, als sie das Zimmer verlässt, um nach dem Hospital zu gehen.

Endlich der Ton, in dem sie, als sie vor dem Drehkasten in der Mauer angekommen ist, der ihr Kind aufnehmen soll, das sie auf den Knien hält wie die Magdalena von Canova[1] das Kreuz, der Ton also, in dem sie sagt:

»Lebe wohl, mein kleiner Engel, lebe wohl, mein goldener Engel, lebe wohl, mein geliebtes Kind – aber nicht für immer – nein, denn wir werden uns wiedersehen – ja, ja, wir werden uns wiedersehen!«

Da brach der ganze Saal in Weinen und Schluchzen aus.

Ich stürzte nach dem Schluss des Aktes in die Kulissen – die Dorval war entkräftet bis zum Tode.

»Hörst du«, sagte ich, »hörst du, wie man applaudiert?«

»Ja, ich höre es!«, antwortete sie unbekümmert.

»Aber ich habe noch nie gehört, dass das Publikum einer andern Frau einen solchen Beifall zollte.«

»Ich glaube es wohl«, sagte sie mit einer unbeschreiblichen Bewegung ihrer Achseln, »ich glaube es wohl, die andern Frauen geben ihr Talent, ich gebe mein Leben.«

V

Es war so, sie gab dem Publikum ihr Leben.

Die Vorstellungen von »Marie-Jeanne« erreichten ihr Ende.

Die Dorval sagte, dass sie stets gehofft habe, solange diese Vorstellungen gedauert hätten, in dem Augenblick auf dem Theater zu sterben, wo sie sich von ihrem Kind trennte.

Diese Hoffnung wäre gewiss in Erfüllung gegangen, wenn man das Stück einige Mal mehr aufgeführt hätte.

Die Dorval hatte kein Engagement.

In diese Zeit fällt die schreckliche Episode mit dem *Théâtre-Français*.

Einige Einzelheiten, die im Brief Luguets nicht verzeichnet sein können, mögen hier ihren Platz finden.

---

[1] Es dürfte sich dabei um die »Büßende Magdalena« des italienischen Bildhauers Antonio Canova (1757–1822) von etwa 1794–1796 handeln, die sich heute im Palazzo Bianco in Genua befindet. Eine weitere Fassung aus dem Jahr 1809 gehört zum Bestand der Eremitage in St. Petersburg.

Die Dorval richtete ein Gesuch an das *Théâtre-Français*, in welchem sie um eine Pensionsstelle von fünfhundert Francs anhielt; sie würde dafür alle Nebenrollen spielen, die man ihr zuteilte, und verpflichtete sich, dem Budget der Straße Richelieu nicht lange zur Last zu fallen.

Sie fühlte sich dem Tode nah.

Das Komitee versammelte sich, um über das Gesuch zu beraten; es wurde mit Stimmeneinhelligkeit abgelehnt.

Mit Stimmeneinheiligkeit, wohlverstanden! Keine Stimme antwortete dem Rufe dieser großen Künstlerin, die in der Verlassenheit ihres Schmerzes laut jammerte.

Es streckte sich keine Hand aus, um diese zusammengebrochene Mutter von den Knien zu erheben.

Nicht eine!

Sevestre war Direktor.

Er war ein guter Mann, der als Direktor der Bannmeile sein Glück gemacht hatte.

Er war, wie ich glaube, als alter Militär dekoriert.

Beim *Théâtre-Français* hatte man ihn zum Direktor ernannt, weil er dazu weder berechtigt noch befähigt war, seinen Platz auszufüllen.

Seit den Proben von »Julius Cäsar« habe ich öffentlich dieses Urteil über ihn abgegeben.

Ich gebe es noch heute ab.

Er ist als Direktor des *Théâtre-Lyrique* vor kurzer Zeit gestorben.

Friede seiner Seele!

Eines Morgens kam er zur Dorval.

Er brachte ihr die Antwort des Komitees.

»Meine liebe Madame Dorval, zu meinem Bedauern muss ich Ihnen mitteilen, dass das Komitee des *Théâtre-Français* Ihr Gesuch einstimmig abgelehnt hat.«

Die Dorval verfiel in eine jener fieberhaften Bewegungen, denen sie während der letzten Monate ihres Lebens unterworfen war.

Luguet erbleichte.

Er stand hinter Sevestre.

»Doch warten Sie, warten Sie“, sagte Sevestre, »ich, für meine Person, könnte Ihnen ein Anerbieten machen.«

Die Dorval atmete wieder auf. Sevestre fuhr fort:

»Es ist eine Umgestaltung der Beleuchtung im Gange, bei der ich monatlich zwei- oder dreihundert Francs an Öl einzusparen gedenke – diese Summe glaube ich mich berechtigt, Ihnen anzubieten.«

Die Absicht war ohne Zweifel gut; aber man wird zugeben, dass die Form eine schreckliche war.

Man bot einer der größten Künstlerinnen, die je gelebt haben, eine Ersparnis, die aus der Beleuchtung eines Theaters hervorging!

Und welches Theaters? Des *Théâtre-Français*! Des Theaters, das das erste von Paris, also das erste der Welt zu sein behauptet. Eines Theaters, das mehr als zweihunderttausend Francs Zuschuss erhält.

Die Dorval begnügte sich, den Vorschlag Sevestres einfach abzulehnen. Sevestre ging. Die Dorval sank in das Sofa, indem sie ausrief:

»Führe mich von Paris fort, Luguet, führe mich fort! Diese Leute werden mich zuletzt noch umbringen!«

Am andern Tag reiste Luguet nach Caen, um eine Reihe von Vorstellungen zu arrangieren.

Nachdem die Bedingungen festgestellt waren, schrieb er an Marie, dass sie kommen könne.

Einige Tage später wartete er im Büro der Diligence auf die Ankunft des Wagens von Paris.

Das Schauspiel war für den Abend angekündigt.

Man hörte den Galopp der Pferde, das dumpfe Rollen der Räder, die Peitsche des Postillions. Die Diligence hielt.

Luguet stürzte an den Wagenschlag und öffnete. Bestürzt wich er zurück. Nicht Marie stieg aus, sondern ein Gespenst.

Er würde sie nicht wiedererkannt haben, wenn sie nicht gesprochen hätte.

»Nun, Luguet«, fragte sie, »empfangen Sie mich so?«

Der junge Mann stieß einen Schrei aus, nahm sie in seine Arme, setzte sie auf das Pflaster und sah sie immer noch an.

Dann sagte er in der größten Bestürzung:

»Mein Gott, was ist denn geschehen? Unglückliche, sollten Sie sich vergiftet haben?«

»Welch eine Idee!«, antwortete sie. »Seid Ihr denn alle toll? Mein Gott, ich werde ja wohl allein sterben!«

»Aber so sprechen Sie doch endlich, teure Marie!«

»Was ich weiß, will ich Ihnen mitteilen. Diese Nacht hat es viel geregnet. Gegen 2 Uhr hielt die Diligence in einem kleinen Dorfe an, man hatte eine halbe Stunde Zeit, und die Reisenden stiegen aus, um Kaffee zu trinken. Ich war krank und aufgeregt, ich wollte ein wenig gehen. Plötzlich fühlte ich mich sehr unwohl und sank besinnungslos auf der Straße nieder. Man hat mich aufgehoben und in den Wagen getragen – ich bin dem Tode nahe. Sie wissen, dass ich vor drei Monaten eine Ankündigung von dort oben erhalten habe. Lassen Sie die Zettel von den Straßenecken abreißen und rufen Sie den Priester.«

VI

Das Ereignis, das die Dorval als eine Ankündigung betrachtete und auf das sie mit den soeben berichteten Worten anspielte, ist Folgendes:

Nach ihrem Abgange vom *Théâtre-Historique* war sie während der Zeit, dass das *Théâtre-Français* über ihr Schicksal entschied, mit Luguet nach Saint-Omer gegangen, um dort einige Vorstellungen zu geben.

Man spielte »Agnes von Meranie«.

Um einen gotischen Saal zu bilden, hatte man Trophäen am Plafond aufgehangen.

Es waren dies wirkliche Trophäen.

In dem Augenblick, wo die Dorval in die Szene trat, löste sich eine Lanze von der Decke ab und fiel ihr gerade auf die Stirn.

Die Spitze der Lanze durchdrang die Haut und verursachte

eine tiefe Wunde, die oben auf dem Kopfe begann und sich bis zwischen die Augen fortsetzte.

Das Blut drang augenblicklich hervor.

Die Dorval legte beide Hände vor das Gesicht; aber das Publikum sah, wie das Blut zwischen ihren Fingern hervordrang.

Das Schauspiel wurde unterbrochen. Luguet zog sie mit sich von der Szene. Während der herbeigerufene Arzt die Haut zusammenfügte, damit man die Vorstellung fortsetzen konnte, sagte sie:

»Mein Freund, ich muss dem Theater Lebewohl sagen: Die Direktoren und die Schauspieler geben es mir durch ihre Vernachlässigung meiner Person zu erkennen, und hier, hier ist eine noch ernstere Vorbedeutung. Diesen Abend wird alles zu Ende sein.«

Das arme Geschöpf hatte recht, denselben Abend war alles zu Ende.

Man hatte indes gesehen, dass sie wieder anzuknüpfen versuchte.

Das *Théâtre-Français* stieß sie zurück.

Man hatte gesehen, dass sie in Caen Vorstellungen geben wollte.

Der Tod trat ihr auf dem Weg dahin entgegen.

Diesmal sollte sie nicht nur das Theater nicht wieder betreten, sie sollte sich auch von ihrem Bett nicht wieder erheben.

»Lassen Sie die Zettel von den Straßenecken abreißen und holen Sie einen Priester!«, hatte sie gesagt.

Sie konnte nicht mehr gehen; Luguet nahm sie in seine Arme und trug sie in das Hotel.

Als er sie auf dem Bett niedergelegt hatte, sagte sie:

»Jetzt, mein Freund, suchen Sie in der Stadt ein sehr einfaches Zimmer, das wie eine Zelle aussieht: Die Wände mit Kalk geweißt, ein Bett, ein Tisch und ein Kruzifix mögen die Möbel und der ganze Schmuck sein.«

Am selben Abend befand man sich in dem gewünschten Zimmer.

Die erste Sorge der Dorval war, dass sie Luguet dringend empfahl, von ihrem Zustande nichts nach Paris zu schreiben und die arme Familie in dem Glauben zu lassen, die Vorstellungen nähmen ihren ungestörten Fortgang.

Luguet versprach es.

Dann aber erlaubte sie, dass man einen Arzt holte.

Weder die Dorval noch Luguet kannten einen Arzt in Caen; sie zogen Erkundigungen ein, und man bezeichnete ihnen Herrn Lecoeur.

Es gibt Namen, die eine Charakterbezeichnung sind; schon nach dem ersten Besuch war der Doktor Lecoeur nicht nur ein Arzt, er war auch ein Freund.

Ach, er erkannte die Krankheit der Dorval nur zu gut.

»Madame«, sagte er, nachdem er sie examiniert hatte, »Ihr wirklicher Arzt sind Sie selbst, wenn Sie wollen. Ihr Leiden ist eins von denen, gegen welche alle Wissenschaft der Welt nichts vermag.«

Und der gute Doktor hatte recht. Seine Besuche, die er jeden Morgen abstattete – während sechs Wochen hat er nicht einen Tag gefehlt – seine Besuche waren nicht die eines Arztes, sondern die eines Freundes.

Der Todeskampf dauerte siebenunddreißig Tage und siebenunddreißig Nächte.

Während dieser ganzen Zeit wachte Luguet am Bett der Sterbenden. Er saß auf dem einzigen Stuhle, den das Zimmer enthielt, und wenn er schlief, so stützte er den Kopf auf die Bettstelle.

Es war ja nur ein Bett vorhanden.

Alle Sorge, alle, ließ er allein ihr zuteil werden.

Man hatte ja kein Geld, um eine Wärterin anzunehmen.

Er wechselte der Kranken das Leinen und die Tücher.

In demselben Zimmer wusch und trocknete er das Leinenzeug, damit die Dorval am folgenden Morgen weiße Betttücher und ein reines Hemd hatte.

Man hatte ja kein Geld, um eine Wäscherin zu bezahlen.

Um die Ausgaben, die durchaus nicht zu vermeiden waren,

zu bestreiten, verkaufte und versetzte man die wenigen Kostbarkeiten, die man noch hatte.

Der armen Caroline, die Nachricht über Vorstellungen und Gesundheit forderte, schrieb man:

»Alles geht gut, wir spielen jeden Abend und gehen jeden Morgen aufs Land. Wir amüsieren uns vortrefflich.«

Eines Tages rief der Doktor unsern Luguet beiseite.

Dieser verstand das ihm gegebene Zeichen. Mit Angstschweiß auf der Stirn folgte er ihm bis zur Tür.

Hier legte ihm der Doktor die Hand auf die Achsel.

»Mein bester Herr Luguet«, sagte er, »ich fürchte leider sehr, dass ich heute zum letzten Mal gekommen bin. Machen Sie sich auf eine große Katastrophe gefasst. Meine Sendung ist erfüllt – erfüllen Sie die Ihrige mit demselben Mut, mit derselben Ergebung.«

Und er ging fort.

Er hatte nichts Neues von Luguet erfahren, und doch weinte er, als ob man ihm schon die erste Nachricht von diesem Unfalle gebracht hätte.

Seit zwei oder drei Tagen hatte die arme Marie wirklich ganz neue, mitunter so seltsame Ideen, dass sie an Delirium grenzten.

So hatte sie sich in einer der vorhergehenden Nächte der alten Melodien aus komischen Opern erinnert, die sie in ihrer Jugend gesungen.

Ihre Kindheit schwebte wie ein Traum an ihr vorüber.

Als Luguet sie singen hörte, hob er den Kopf empor und betrachtete sie mit Erstaunen, fast mit Schrecken.

»Komm, Luguet«, sagte sie, indem sie ihm ein Zeichen gab, sich ihrem Kopfkissen näher zu setzen, »komm und hilf mir die Melodien suchen, die ich vergessen habe.«

Luguet gehorchte; er hatte ja keinen andern Willen als den der Sterbenden.

So sangen sie, bis der Morgen anbrach.

Die Dorval schlief ein, Luguet sank erschöpft nieder.

Am nächsten Tag sagte sie:

»Mein guter Luguet, wir sind im Monat Mai.«

Dann fügte sie lächelnd hinzu:

»Dies ist der Monat des Georges und der Marie! Gehe aufs Feld, hole einen großen Strauß Weißdorn und lege ihn mit dem Bilde meines kleinen Engels auf meine Füße.«

Luguet entgegnete kein Wort; er nahm seinen Hut, ging und kam nach einer halben Stunde mit einem Weißdornzweig zurück, den er auf das Fußende des Bettes legte. Das Porträt des kleinen Georges lehnte er an den Zweig.

Die Augen der Kranken hefteten sich auf die Blumen und auf das Bild.

Zwei Tage und zwei Nächte blieben sie geöffnet, ohne sich abzuwenden, ohne sich zu schließen, fast ohne zu blinzeln.

Eine solche Kraft haben nur die Sterbenden.

VII

So kam der 16. Mai heran. Es war morgens 8 Uhr.

Der todmüde Luguet saß am Fußende des Bettes.

Abends zuvor war er zweimal vor Erschöpfung in Ohnmacht gesunken; das zweite Mal in der Mitte des Zimmers, als er das Fenster öffnen wollte.

Die Sterbende hatte nicht so viel Kraft mehr gehabt, um zu ihm zu gehen, sie war selbst unfähig gewesen, zu rufen; sie hatte nur die Arme nach ihm ausgestreckt.

Dann war auch sie ohnmächtig in das Bett zurückgesunken.

Luguet war zuerst wieder zum Bewusstsein erwacht.

Marie hatte er für tot gehalten.

Sie war indes wieder zu sich gekommen.

Am 16. Mai morgens 9 Uhr begann sie zu seufzen, wie am ersten Tag ihres Schmerzes.

Luguet raffte sich empor und sah sie erstaunt an.

»Was hast du, Marie?«, fragte er.

»Was ich habe?«, rief sie, indem sie sich in ihrem Bett halb aufrichtete. »Was ich habe? Es ist heute gerade ein Jahr – es war ein ähnlicher Tag – dass mein kleiner Georges starb. In zwei Tagen werde auch ich gestorben sein, und darum will ich, dass du mich nach Paris bringst, ohne eine Minute zu verlieren, damit ich meine liebe Caroline noch einmal sehen kann.«

Sie hatte dies in einem so prophetischen Ton gesprochen, dass weder Zweifel noch Hoffnung blieben.

Luguet hatte ein letztes Kleinod für die äußerste Not aufbewahrt, er verkaufte es, und am selben Abend saß er in der Diligence, seine liebe Sterbende auf den Knien haltend, wie auf dem Bilde von Michelangelo die Jungfrau ihren Sohn hält[1].

Mitten in der Nacht empfand man einen heftigen Stoß; ein lautes Schreien ließ sich vernehmen, und die Fenster zersplitterten.

Der Wagen war umgestürzt.

Es war ein grässliches Wetter.

Luguet trug unsere arme Marie unter einen Baum am Weg. Hier warteten beide, durchnässt von Regen und zitternd vor Kälte, bis der Wagen wieder hergestellt war. Eine halbe Stunde später stieg man in die Diligence. Die traurige Gruppe war nicht einen Augenblick getrennt gewesen, man hätte sagen können, diese beiden Körper seien aus einem Stück Marmor gehauen.

Die zuvor benachrichtigte Caroline empfing ihre Mutter im Hof der Post. Ein Zeichen ihres Mannes ließ sie den Schrei unterdrücken, den sie beim Erblicken der Mutter auszustoßen im Begriff stand.

Sie sah die Kranke still und mit ruhiger Miene an, dann umarmte sie sie, indem sie gewaltsam ihre Tränen erstickte.

Die Dorval schwieg, bis man im Fiaker saß. Hier richtete sie ihre Augen, welche die Magerkeit vergrößert und die Nähe des

[1] Gemeint ist die die um 1498–1500 entstandene »Pietà« des italienischen Bildhauers, Malers und Baumeisters Michelangelo Buonarroti (1475–1564), die sich im Petersdom in Rom befindet.

Todes leuchtender gemacht hatte, auf ihre Tochter. Dann sagte sie ernst:

»Mein liebes Kind, strenge dich nicht unnütz an, deine Tränen zu verbergen; weine, weine immerhin, für die zwei oder drei Stunden, die ich noch zu leben habe, sollst du dir keinen Zwang antun!«

Um 6 Uhr morgens war sie in ihrem Zimmer wieder eingerichtet.

Halb 12 Uhr, während ich die Probe vom »Testament des Cäsar« in der *Comédie-Française* abhielt, trat ein Theaterdiener zu mir in die Kulisse und sagte, als ob es die gleichgültigste Sache von der Welt sei:

»Herr Dumas, Madame Dorval lässt Sie suchen; sie liegt im Sterben, aber sie will nicht sterben, ohne Sie noch einmal gesehen zu haben.«

Ich stieß einen Schrei aus; ich wusste nicht einmal, dass sie krank war.

Nun stürzte ich die Treppen hinunter, warf mich in einen Wagen und rief:

»Straße von Varenne!«

Zehn Minuten später zog ich die Glocke an der Tür.

Luguet öffnete; Tränen rollten ihm über das Gesicht.

»Mein Gott«, sagte ich, »komme ich zu spät?«

»Noch nicht; aber beeilen Sie sich – sie er wartet Sie!«

Ich trat in das Zimmer.

Sie strengte sich an, um mir zuzulächeln und die Arme entgegenzustrecken.

»Ach, da bist du ja!«, sagte sie. »Ich wusste es wohl, dass du kommen würdest.«

Ich warf mich weinend neben dem Bette auf die Knie nieder und verbarg das Gesicht im Betttuch.

»Kinder«, sagte sie, »lasst mich einen Augenblick mit ihm allein, ich habe ihm etwas zu sagen; er wird euch bald zurückrufen, und dann bringt Merle mit. Ich will, dass alle da sind, wenn ich sterbe.«

Man ging hinaus. Ich war mit ihr allein.

»Wenn du stirbst!«, rief ich. »Aber willst du denn sterben?«

Sie legte ihre Hand auf meine Haare.

»Ach, mein guter Junge«, sagte sie, »du weißt recht gut, dass ich seit dem Tod meines armen kleinen Georges nur auf einen Vorwand warte. Der Vorwand ist da, wie du siehst – ich habe ihn mir nicht entgehen lassen.«

»O mein Gott, mein Gott! Aber bist du auch überzeugt, dass du sterben wirst?«

»Sieh mich an!«

»Ich finde dich nicht so verändert, wie du sagst.«

Sie legte die Hand an ihren Gürtel.

»Bis hierher bin ich schon tot«, sagte sie, »und wenn ich dich nicht noch erwartet hätte, so glaube ich, dass ich schon ganz tot wäre.«

»Du hast mir etwas mitzuteilen, mein Kind – rede, rede!«

»Ich habe dir zu sagen, mein guter Alexandre, dass ich gern sterben will, aber ich will nicht, dass ich in das große, allgemeine Grab geworfen werde.«

»Wie, in das allgemeine Grab?«, rief ich, indem ich mich erhob.

»Ja, mein lieber Freund, denn es ist alles verkauft, alles versetzt; es ist kaum so viel im Haus geblieben, um eine Kerze zu kaufen, die neben meinem Körper brennt. Ach, und ich werde in Verzweiflung sterben, wenn ich mit dem Gedanken sterbe, dass ich nicht mit meinem kleinen Georges vereinigt werde.«

»Wie viel kostet denn ein Platz?«

»O, er ist teuer, sehr teuer – fünf- oder sechshundert Francs.«

»Fünf- oder sechshundert Francs … arme Freundin, beruhige deine Seele und stirb in Frieden!«

»Willst du mir einen Platz neben Georges besorgen?«

Ich gab ein Zeichen mit dem Kopfe, denn ich konnte nicht mehr reden.

Sie erhob sich mit großer Anstrengung; ich fühlte den Druck zweier schon kalter Lippen auf meiner Stirn.

»Rufe sie, rufe sie«, sagte sie, »es ist Zeit!«

Ich stürzte nach der Tür und rief.

Luguet und Caroline traten ein, indem sie Merle unterstützten, der sich bis zu einem Stuhl schleppte.

Ich trat an die Wand zurück, um den Kindern Platz zu machen.

Sie suchte mich mit den Augen und nickte mir zu.

Luguet hatte meinen Platz eingenommen und sich über das Bett geworfen.

Caroline lag auf den Knien und weinte.

»Merle! Merle!«, sagte Marie.

Dann suchte sie mit der Hand Luguet, legte ihre Hand auf sein Haupt, und indem sie noch einmal alle ihre Kraft zusammennahm, sprach sie die beiden Worte:

»Erhabener René!«

Dies waren die letzten: Sie war tot!

Nun hörte man im Trauerzimmer jenes ewige Klagen, das sich zu jeder Stunde des Tages auf der Erde wiederholt.

VIII

Von diesem Augenblick an beschäftigte mich nur ein Gegenstand, nämlich die Erfüllung des Versprechens, das ich der Verstorbenen gegeben hatte.

Ich eilte in meine Wohnung. Dort öffnete ich alle Kästen, brachte zweihundert Francs zusammen, kehrte rasch nach der Straße Varenne zurück, legte das Geld auf einen Tisch und sagte zu Luguet:

»Einstweilen!«

Nun stieg ich wieder in mein Cabriolet.

Woher soll ich nun die noch fehlenden zwei- oder dreihundert Francs nehmen?, fragte ich mich.

Bis zu dem Augenblicke, wo Millaud vom Glück begünstigt ward, habe ich nur arme Schlucker zu Freunden gehabt.

Bei Gott, wenn Millaud um jene Zeit sein Vermögen gehabt hätte, ich wäre sogleich zu ihm gegangen.

Aber er hatte es nicht.

Ich kannte keinen Minister, ließ aber doch ihre Namen die Revue passieren und blieb beim des Herrn von Falloux stehen.

Warum gerade bei Herrn von Falloux und nicht bei einem andern – ich weiß es meiner Treu nicht!

Ich glaubte mich aber zu erinnern, dass er einmal eine sehr schöne Rede gehalten hat, und mir schien, dass ein beredter Mann auch ein guter Mann sein müsse.

Herr von Falloux, bei dem ich mich anmelden ließ, empfing mich augenblicklich.

Sichtlich erstaunt über meinen Besuch trat er mir entgegen. Wir hatten nie ein und dieselbe Meinung gehabt, und im Jahre 1849 galt die Meinung etwas in den sozialen Beziehungen.

»Mein Herr«, sagte ich ihm, »verzeihen Sie mir, dass ich aus instinktartiger Sympathie Sie unter allen Ihren Kollegen ersehen habe, um mir einen Dienst von Ihnen zu erbitten.«

Herr von Falloux verbeugte sich wie ein Mann, der sagt:

»Ich warte!«

»Madame Dorval ist soeben gestorben«, fuhr ich fort, »und zwar in einem solchen Zustand der Entblößung, dass ihre Freunde und Bewunderer sich mit ihrem Begräbnis befassen müssen. Ich gehöre zu ihren Freunden und habe bereits getan, was ich vermochte; Sie müssen einer ihrer Bewunderer sein – tun Sie, was Sie können.«

»Mein Herr«, antwortete Herr von Falloux, »als Minister kann ich nichts tun, mein Departement hat keine Fonds für dramatische Künstler – aber als einfacher Privatmann erlauben Sie mir, Ihnen meinen Beitrag zu dem frommen Werke darzubieten.«

Er zog seine Börse und gab mir hundert Francs.

Ich eilte mit meinen hundert Francs nach der Straße Varenne zurück.

Hugo brachte zweihundert Francs, die er, wie ich glaube, beim Ministerium des Innern erhoben hatte.

Nun galt es noch zweihundert Francs, die ersten Kosten waren gedeckt, und die Dorval hatte ein provisorisches Grab auf fünf Jahre. Während dieser fünf Jahre ließe sich weiter sorgen.

Ich verlangte von Merle einen Brief für eine sehr einflussreiche Person, bekämpfte meinen Widerwillen und stellte mich dieser Person selbst vor. Aber ich erhielt alle Arten Versprechungen statt dieser elenden zweihundert Francs.

Am folgenden Tage machte ich der Sache damit ein Ende, mit der ich hätte anfangen sollen: Ich versetzte meine Nischan-Dekoration und war im Besitze des Geldes.

Am 20. Mai, glaube ich, fand das Begräbnis statt.

Wer war dabei? Wer hat es gesehen? Wer erinnert sich dieses traurigen Leichenbegängnisses, bei dem alle Herzen gebrochen waren, dass niemand das Wort ergreifen konnte?

Camille Doucet allein, der nicht wollte, dass dieser traurige und düstere Schatten ohne Abschiedswort in die Tiefe des Todes hinabstiege, sprach einige Worte am Grab.

Eine ähnliche Trauer, ein ähnliches Schweigen habe ich nur im Leichenzug der Frau von Girardin gesehen.

Man trieb mich an, zu sprechen.

Ich kann überhaupt nicht sprechen, weder an einer Tafel noch an einem Grab, und in letzterem Fall vorzüglich macht sich diese Schwäche um so mehr geltend, je aufrichtiger ich den Toten bedauere – aber außer dieser Schwäche besitze ich die Spracheigenheit der Tränen.

Ich trat heran, wollte den Mund öffnen – aber mein Schluchzen erstickte meine Worte.

Alles, was ich vermochte, war, dass ich mich bückte, eine Blume aus der Krone pflückte, die ihren Sarg begleitet hatte und die man nun auf ihr Grab legte, diese Blume an meine Lippen drückte und mich zurückzog.

Damit war alles gesagt.

Das arme Geschöpf konnte dort unten fünf Jahre lang ruhig schlafen.

Aber wir müssen uns nun mit den Lebenden beschäftigen.

Die Dorval hatte mir die Wahrheit gesagt: Die Entblößung war eine vollständige.

Merle hatte sein Leben damit hingebracht, Demoiselle Rachel[1] zu verherrlichen; diesem großen, klassischen Talent hatte er alles geopfert, selbst das natürliche Talent der armen Marie. Ich habe ihn in seiner Familie wegen dieser Art von Verrat oft traurig gesehen.

Man suchte für die Verstorbene um eine Vorstellung im *Theater Français* nach; die Direktion bewilligte diese.

Hätte man für die Lebende getan, was man der Toten jetzt bewilligte, sie läge vielleicht noch nicht im Grab.

Die Rachel ward um Mitwirkung bei dieser Vorstellung ersucht.

Sie sagte zu, aber unter großen Weitschweifigkeiten. Die Dorval war am 18. Mai gestorben, und die Vorstellung konnte nur erst am 13. Oktober stattfinden.

Sie brachte einen Reinertrag von sechstausendfünfhundert Francs.

Fünf Monate lang war diese Vorstellung der Sisyphusfelsen des armen Luguet gewesen.

Jeden Morgen ward er durch ein Versprechen emporgerichtet; jeden Abend schmetterte ihn ein Aufschub darnieder.

Während dieser Zeit hatte Luguet nichts verdient, denn um der Dorval zu folgen, um mit ihr zu spielen und für sie zu sorgen, hatte er in kindlicher Ergebung seinen Stand, seine Anstellung geopfert.

Wie diese Vorstellung die Dorval vor dem Tod vorm Tod hätte retten können, so hätte sie auch ihre Kinder vor dem Elende bewahrt, wenn sie in den ersten vierzehn Tagen nach ihrem Tode zustande gekommen wäre; aber fünf Monate später war sie ein Stein in einem Abgrund.

Aber Luguet dankte dessen ungeachtet der großen Künstlerin, die einen Akt der Wohltätigkeit übte, indem sie die Pflicht gegen eine Standesgenossin erfüllte.

Diese sechstausendfünfhundert Francs ließen ihn von der Erwerbung eines festen Begräbnisplatzes und von der Errich-

[1] Mademoiselle Rachel, eigentlich Élisa Rachel Félix oder Elizabeth-Rachel Félix (1821–1858), war eine französische Schauspielerin.

tung eines kleinen Monumentes träumen, oder doch mindestens von einem Stein mit dem Namen »Marie Dorval«.

Als er mit dieser Summe in das Haus der Armut zurückkehrte, fand er Merle vor, der der Ansicht war, dass die Ruhe der Lebenden der Verherrlichung der Toten vorgehen müsse. Von allen Seiten war das Mobiliar mit Beschlag belegt, und der alternde Merle war ein wenig Egoist geworden. Der einst so philosophische Mann weinte jetzt beim Anblick eines gestempelten Papiers. Man musste die sechstausendfünfhundert Francs wieder hingeben.

Jeder Gerichtsdiener hatte seinen Teil davon; das letzte Geldstück war nach acht Tagen verschwunden.

Drei Monate später verkaufte man das Mobiliar, als ob man früher nur auf Abschlag gezahlt hätte. Der arme Luguet zitterte vor dem schrecklichen Gedanken, dass er einst seinen Freunden, der Stadt Paris oder der Regierung sagen müsse:

»Helft mir sorgen, dass der Leichnam der Madame Dorval nicht auf den Schindanger geworfen werde!«

Er zitterte vor der Antwort:

»Aber was haben Sie denn mit dem Ertrag gemacht, den die Vorstellung der Mademoiselle Rachel geliefert?«

Und was alles würde er nun anwenden müssen, um jene Hände zu öffnen, die nichts mehr wünschten, als geschlossen zu bleiben?

IX

Mademoiselle Rachel hatte indessen einen großen Dienst geleistet, und was konnte man ihr als ein Andenken geben?

Dies quälte die arme Familie acht Tage lang.

Eine kostbare Reliquie der armen Toten war geblieben, ihre Bibel nämlich, jene Bibel, von der sie niemals gelassen, deren Bilder der kleine Georges besehen und in der sie Trost suchte in allen Leiden des Lebens.

Außerdem war dieses Buch keine gewöhnliche Bibel, nicht

etwa des splendiden Druckes, der auffallenden Malerei, nicht des reichen Einbandes wegen – sie war einfach in Chagrin-Taffet[1] gebunden mit silbernen Ecken und einem silbernen Schloss; aber auf jedem weißen Blatt, hinter jedem Heiligenbild stand ein schmerzlicher oder ein tröstlicher Gedanke, den die Hand der Verstorbenen verzeichnet hatte.

Wir geben einen Begriff davon.

. . . .

Die Bibel der Dorval

. . . .

Erste Seite

Denke an Gott und sieh' nach dem Himmel, ich habe einen Engel, den ich dort wiedersehe, du wirst den deinigen dort wiedersehen.

Victor Hugo, den 22. Mai 1848.

Nichts wird Euch jemals mehr trösten!

Desbordes Valmore, den 22. Mai 1848.

Der Keim des Engels lag schon in diesem kleinen geliebten Wesen.

René Luguet, den 22. Mai 1848.

Zweite Seite

Salvate flores martyrum.

Wir grüßen euch, Blumen und Erstlinge der Märtyrer! Kaum habt ihr den Tag erblickt, so entreißt euch schon

[1] Fein gewebter, getüpfelter Stoff

ein unbarmherziger Verfolger unsers Herrn Jesu Christi dieser Welt, wie ein Sturmwind zarte und kaum ersprossene Rosenknospen davonträgt.

Ihr seid die ersten Opfer Jesu Christi, ihr seid wie die jungen Lämmer, die man dem göttlichen Lamm opfert, und jetzt spielt ihr unschuldsvoll mit den Palmen und Kronen, die ihr durch euern Tod davongetragen habt.

. . . .

Aus Liebe zu dir, Allerhöchster, weihen wir uns dem Tode.

. . . .

Und man vernahm in Rama die Klagelaute Rahels, die um ihre Kinder weinte, und nichts konnte sie trösten über ihren Verlust!

. . . .

Sie haben ihre Kleider nicht befleckt, ihre Seele war dem Herrn angenehm, und deshalb hat er sie bald von ihrer Angst befreit, denn er hat sie seiner würdig befunden.

DRITTE SEITE

Für unsern armen Georges.

Orléans – Den 16. Januar 1849, die Messe gehört in der Kathedrale.

Valenciennes – Den 16. Februar 1849, die Messe gehört in Saint-Géry.

Saint-Omer – Den 16. März 1849, die Messe gehört in Saint-Denis.

VIERTE SEITE

Über ein Kleines, so werdet ihr mich nicht sehen, und aber über ein Kleines, so werdet ihr mich sehen, denn ich gehe zum Vater.

EVANGELIUM JOHANNIS Kap. 16, Vers 16

Es wird eine Zeit kommen, wo diese Zeit fern ist, und dies ist mein Trost.

FEBRUAR 1849 – Valenciennes

VORLETZTE SEITE

Kaum scheucht das Morgenrot die Nacht,
So schreitet still der Leichenzug einher;
Es zeigt der Frühling sich in seiner Pracht,
Und alles woget wie ein Blütenmeer,
Den Sarg der Jungfrau decket er mit Blumen,
Und badet ihn mit seiner Tränen Tau;
Der Weißdorn strahlt im rötlichen Gewande,
Und Knosp' um Knospe sieht man auf der Au.
Ein Wohlgeruch schwebt über allen Matten,
Die Vögel singen in der Bäume Schatten.

BRIZEUX

. . . .

Vergängliche Blumen, schon tot, kaum geboren,
Seeamseln, verschlungen im schwimmenden Nest,
Und Tauben, vom Himmel der Erde erkoren,
Sie alle, mit Liebe und Unschuld geschmückt,
Sie zählen ihr Leben nach Frühlingen nur.

Und jetzt schon sind sie unter Steinen gebettet,

Die lieblichen Wesen, die kaum sich bewusst!
Die Lichter erloschen, die Blumen entwurzelt!
O lasst mich durchwühlen mit trauernder Brust
Die trockenen Blätter im Schoße der Wälder.

O kommt, wenn ich träume im schattigen Walde,
Kommt, süße Phantome, umgaukelt mich hier!
Ein dämmerndes Licht in der schweigenden Halde
Verbirgt sie zugleich und zeiget sie mir –
Es glänzen im dunkeln Gebüsch ihre Augen.

Die ärmste der Mütter! Nicht ahnend das Schicksal,
Hat liebend das schwankende Rohr sie bewacht!
Wie viele der Nächte in Kummer und Tränen
Hat sie an der Wiege des Kindes verbracht –
Sie pflegte vergebens den leidenden Liebling.

Victor Hugo

LETZTE SEITE

Lieber Engel, bitte Gott für mich, dass er mir Mut gebe, deinen Verlust bis zu dem Augenblick zu tragen, wo es ihm gefällt, mich mit dir wieder zu vereinen.

Marie Dorval

Auf dem Ölberge ward Christus von einer Traurigkeit ergriffen, und sein Herz war voll Kummer; da sagte er: Meine Seele ist betrübt bis zum Tode.

St. Matthäus

Mein Vater, dir ist alles möglich, lass diesen Kelch an mir vorübergehen; aber nicht mein Wille, sondern dein Wille geschehe.

St. Marcus

Erniedrigt euch unter der mächtigen Hand des Herrn, damit er euch erhöht, wenn er kommt.

Sucht das nicht zu ergründen, was über eure Kräfte geht, aber denkt stets daran, dass Gott über euch herrscht, und prüft nicht mit Vorwitz seine Werke.

Und du, Allmächtiger, erbarme dich unser.

HINTER EINEM MUTTERGOTTESBILDE:

Mein armes Kind, bitte Gott, dass er deiner Großmutter ein wenig von der Ruhe sende, die du bei ihm genießt.

HINTER EINEM KLEINEN BILDE, DAS EINEN HUND UND EINE TAUBE AM FUSS DES KREUZES DARSTELLT:

Wenn ich dich vergesse, mein Sohn, so verdorre meine rechte Hand.

Meine Zunge bleibe stets an meinen Gaumen gebunden, wenn ich mich deiner nicht stets erinnere, und wenn ich nicht stets meine größte Freude darin setze, von dir zu sprechen.

(Psalm)

Auf einem Kupferstiche endlich, der den Tod darstellte, hatte sie dem nackten Schädel des unversöhnlichen Gottes eine Rosenkrone und einen Heiligenschein gegeben, der den düstern Bevölkerer der Gräber in einen rettenden Engel umwandelte und zu sagen schien:

»Auf dich warte ich!«

X

So also war die Bibel, diese köstliche Reliquie, deren die Familie sich zu entäußern beschloss, um der großen Künstlerin für den Dienst zu danken, den sie ihr geleistet hatte.

Man ließ in Goldbuchstaben auf den Deckel derselben drucken:

DER RACHEL

. . . .

Zur Erinnerung
an die Dankbarkeit
der kleinen Kinder
Marie Dorvals

. . . .

Den 13. Oktober 1849

Nachdem man diese Bibel noch ein letztes Mal geküsst, übersandte man sie an Demoiselle Rachel.

Am folgenden Morgen meldete man Luguet Madame Senneville an.

Madame Senneville ist unserer großen Tragödin dasselbe, was Aenone der Phädra ist:

Die Vertraute!

Madame Senneville trug die Bibel, die sie in der Hand spielen ließ.

»Guten Tag, Luguet, guten Tag, ihr kleinen Kinder!«, sagte sie. »Die Rachel schickt mich, um Ihnen zu sagen, dass sie von Ihrer Aufmerksamkeit sehr gerührt ist; aber Sie begreifen wohl, dass eine Bibel für eine Schauspielerin … Nun, sie hätte lieber ein anderes Andenken, eine Kleinigkeit, vielleicht einen Schmuck, den die Dorval getragen hat.«

»Madame«, antwortete Luguet mit einem traurigen Lächeln, »von Schmuck ist nichts mehr in unserm Hause, es ist alles verkauft oder im Leihhause.«

»Wie, auch nicht ein Paar Armbänder sind Ihnen geblieben, die Benazet einst geschenkt hat?«

»Nichts, ausgenommen diese Goldkrone, die das Publikum von Toulouse unserer Marie geschenkt hat, und …«

Madame Senneville ließ Luguet den Satz nicht vollenden.

»Gut, gut, so schicken Sie ihr die Krone, sie wird ihr lieber sein als das Buch.«

»Morgen wird Demoiselle Rachel die Krone erhalten.«

»Danke! Hier, nehmen Sie Ihre Bibel zurück.«

Madame Senneville legte die Bibel auf einen Tisch und entfernte sich.

Die armen betrübten Leute sahen sich an.

Unmöglich konnte diese Frau von der großen Künstlerin geschickt sein, die Paris bewundert, die Europa bereichert.

Man musste es ja am folgenden Tage erfahren, wenn man ihr die Krone übersenden würde.

Am folgenden Tage brach Luguet das Blatt ab, auf dem die Worte eingegraben standen:

Huldigung, dargebracht dem Genie.

Nachdem er die beiden kleinen Kinder ganz weiß hatte kleiden lassen, gab er ihnen die Krone und sagte:

»Meine Kinder, ihr geht zu Demoiselle Rachel, einer Frau von großem Talent, die sich uns sehr freundlich gezeigt hat; küsst ihr dankbar die Hand und gebt ihr im Namen eurer armen verstorbenen Großmutter, im Namen eures armen kleinen Bruders, der ebenfalls im Grabe schlummert, und in unserm Namen, die das Unglück haben noch zu leben, diese Krone. Habt ihr mich verstanden?«

»Ja, Papa!«, antworteten die Kinder.

Man setzte sie in einen Wagen, und sie fuhren nach der Straße Trudon.

Eine halbe Stunde später kamen sie zurück.

Vater und Mutter hatten sie erwartet und gingen ihnen bis zur Tür entgegen.

»Nun«, fragte der Vater, »habt ihr Demoiselle Rachel die Hand geküsst, habt ihr der Dame recht freundlich gedankt?

»Nein, Papa!«, antworteten die Kinder.

»Warum nicht?«

»Weil wir sie nicht gesehen haben.«

»Wie, ihr habt sie nicht gesehen?«

»Nein! Man hat uns nur in die Küche kommen lassen, da erschien die Kammerfrau und sagte, es wäre gut. Dann nahm man uns unsere Goldkrone ab, setzte uns wieder in den Wagen, und da sind wir wieder.«

Man war von zwei Dingen überzeugt:

- Demoiselle Rachel hat von dem Schritt der Madame Senneville nie etwas gewusst.
- Ferner hat man ihr verschwiegen, dass die Enkel der Madame Dorval es gewesen, welche die Krone ihrer Großmutter überbracht haben.

Die Bibel, diese kostbare Reliquie mütterlicher Liebe und Religiosität, ist, statt der Goldkrone, in den Händen der Kinder und Enkel geblieben; aber Luguet hat mit einem spitzen Messer die beiden Worte

Der Rachel

ausgekratzt.

XI

»Mein lieber Dumas!

Gestern Morgen halb 7 Uhr bin ich mit meinem Bruder und meiner Frau nach dem Kirchhof des Montparnasse gegangen, um die Gebeine unserer teuren Marie wieder ausgraben und sie mit denen ihres kleinen Georges vereinen zu lassen, den sie so innig geliebt hat und der heute zweimal der ihrige ist, einmal durch ihre Liebe und dann durch ihren Tod.

Es blieben uns nur noch drei Tage Zeit, um diese letzte Pflicht zu erfüllen.

Verzeihen Sie mir, dass ich auch ohne Sie dieses große Ziel erreicht und einen festen Ruheplatz gekauft habe.

Sie haben ja so viel Sorgen, so viel Pflichten dieser Art übernommen, dass ich entschlossen war, die äußerste Notwendigkeit abzuwarten, um Sie zur Erfüllung des Versprechens aufzufordern, das Sie unserer armen Marie auf dem Totenbett gegeben, nämlich zu verhindern, dass ihr Körper in das große allgemeine Grab komme.

Ich muss Ihnen bekennen, wir haben lange Zeit gewartet, dass die Stadt Paris uns diese sechs Fuß Erde zum Geschenk machen würde. Als unsere liebe Marie noch am Leben war, hat sie mehr als einmal, wenn sie von ihrem Tod und ihrem ewigen Ruheplätzchen sprach, geäußert:

›Wenn ich einmal tot bin, werdet Ihr, so hoffe ich, leicht ein Mittel finden, eine Konzession zu erlangen.

Durch die Einnahmen, die das Theater durch mich bewirkt, habe ich den Armen mehr als hunderttausend Francs zufließen lassen; denn wenn man die sechs oder acht großen Erfolge meines Lebens berechnet, von denen die Hospitäler elf Prozent jeder Einnahme beziehen, so wird die Rechnung wohl ausgeglichen sein.

Unter dem Schutze Georges' habe ich in der Krippe Saint-Antoine ein Bett gegründet; Madame Hugo hat mich bei dieser Gründung geleitet.

In einer südlichen Stadt, wo ich ebenfalls ein Bett gestiftet und den Armen fünfzehnhundert Francs geschenkt habe, hat man mich zur Hospital-Dame ernannt.

Ich glaube nicht, dass man mir sechs Fuß Erde verweigern wird.‹

Die Zeit kam, um zu erfahren, ob Madame Dorval sich getäuscht hat.

Sie hat sich getäuscht, mein Freund.

Die guten Herzen sind Irrtümern dieser Art unterworfen.

Ich schrieb an Herrn Berger, den Bürgermeister von Paris, und führte ihm alle jene Gründe an. Darauf hat er mir geantwortet:

›Dass die Plätze nur solchen Personen bewilligt werden, die sich um das Land verdient gemacht haben.

gez. Berger.‹

Herr Berger zog sich von seinem Posten zurück; man riet mir, dass ich bei seinem Nachfolger mein Gesuch erneuern möge.

Es widerstrebte mir.

Ich fürchtete, ein zweites Mal abschläglich beschieden zu werden, und sann auf andere Mittel.

Obgleich mein Gehalt, soweit dies möglich, mit Arrest belegt war, um unsere alten Schulden zu decken, die in der Zeit Maries und Merles entstanden waren, und obgleich ich vom Rest sieben Personen zu ernähren hatte, so fand ich dennoch Mittel, zweihundert Francs zu erübrigen.

Nun löste ich mit großer Mühe die armseligen Reliquien ein, die im Pfandhause zu Caen versetzt waren; ich brachte sie in das Pfandhaus von Paris und gewann bei diesem Tausch eine andere Summe von dreihundert und einigen Francs. Diese reichte hin, um den Platz für immer anzukaufen, auf dem unser kleiner Georges begraben liegt.

Der Platz, auf dem Marie ruht, war bestimmt, das allgemeine Grab des Friedhofs zu werden.

Freitag den 13. hatte ich dieses Geld beisammen, Sonnabend den 14. ward der Kauf abgeschlossen, und Sonntag den 15. halb 7 Uhr trat ich den Weg zu dem Friedhof Montparnasse an, um die schreckliche Zeremonie des Ausgrabens der Leiche vornehmen zu lassen.

Herr Chapron, der Inspektor des Friedhofs, hat unter diesen für uns so schmerzlichen Umständen alles getan, was man von einem gefälligen und guten Manne fordern kann. Er hatte bereits die Gruft Maries bis auf den Sarg ausgraben lassen, um die harte Prüfung, die wir zu bestehen hatten, abzukürzen.

Da ich fürchtete, dass Caroline zu schmerzlich ergriffen werden würde, ließ ich sie mit meinem Bruder beim Grab des kleinen Georges zurück.

›Bleibe hier‹, sagte ich ihr, ›und bitte Gott, dass er den Toten Ruhe und den Lebenden Kraft verleihe.‹

Ich warf einen Blick auf das Grab.

Die Erde war bis auf den Sarg ausgegraben, und unser armes kleines Kind wartete, umgeben von seinen vernichteten Rosensträuchen, auf die Ankunft seiner Großmutter.

So trat ich allein den Weg zu Maries Grab an.

Hier fand ich den Vorgesetzten, der die Leichenausgrabungen leitet, eine Art Totenkommissar, der diesen traurigen Zeremonien beiwohnt, um die Identität der ausgegrabenen Leichen zu konstatieren.

Die beiden Totengräber standen im offenen Grab; sie hatten die Arme untereinander geschlagen und warteten.

Am Rand stand ein kleiner offener Sarg, dem Anschein nach ein Kindersarg.

Erschüttert blieb ich stehen; ich fühlte meine Haare zittern und den Angstschweiß von der Stirn perlen.

Meine Augen konnten sich von dem erdigen Schrein nicht losreißen, der das erloschene Glück einer ganzen Familie enthielt.

Die beiden Totengräber begriffen den Eindruck, den dieses Schauspiel auf mich ausübte; sie warteten unbeweglich, dass ich mich ein wenig fassen solle.

Einige Minuten genügten, dass ich wenigstens scheinbar

einige Kaltblütigkeit erlangen konnte; mit erzwungener Ruhe sagte ich ihnen:

›Ans Werk!‹

O Meister, weißt du, an was ich dachte?

Zunächst an meinen Schmerz; in meinem Schmerz erinnerte ich mich eines andern Meisters, des Meisters aller, den man Shakespeare nennt.

Stand ich nicht da wie Hamlet mit den beiden Totengräbern? Und war ich, der arme Schauspieler, durch meinen Schmerz in den Augen Gottes nicht ebenso viel wie jener Königssohn, der das Haupt Yoricks über die Geheimnisse des Todes befragt, jenes Haupt, das ihm Nichts war, während die Gebeine, die sich mir zeigen sollten, die meiner Marie, der Mutter meiner Caroline, der Großmutter meines kleinen Georges waren?

Diese Gedanken durchkreuzten wirr meinen Geist, während ich jenen kleinen Kindersarg betrachtete und während ich mich fragte, zu welchem Zweck man ihn verwenden wolle.

Die Arbeiter des Todes errieten meine Gedanken.

Der eine von ihnen berührte den Sarg mit der Hand und sagte aus dem Grab herauf:

›Sie betrachten das Ding da, mein Herr?‹

›Ja!‹

›Und sind erstaunt, dass es so klein ist?‹

›Ja!‹

›O mein Gott, es wird noch groß genug sein, um das aufzunehmen, was jetzt von der armen Dame noch übrig ist, die wir so oft auf dem Grabe ihres kleinen Kindes weinen gesehen und seufzen gehört.‹

›Wie‹, rief ich, ›dies wäre für …?‹

Ich konnte nicht vollenden.

›Ja, mein Herr, und es wird alles hineingehen, dafür stehe ich. Unser armer Körper ist nur noch eine Kleinigkeit, wenn er sechs Jahre in der Erde gelegen hat.‹

›Aber wollen Sie denn den Sarg öffnen?‹, rief ich.

Und dabei zeigte ich auf den Sarg in der Grube.

›Es muss geschehen; der Sarg hält nur, solange er an seinem Platz steht. Wollten wir auch versuchen, ihn herauszuheben, er würde in Stücken zusammenfallen.‹

›Mein Gott, mein Gott!‹, rief ich zurückweichend.

Eine solche Prüfung hatte ich nicht erwartet.

›Mein Herr‹, fuhr der Totengräber fort, ›fassen Sie Mut! Wir werden so vorsichtig wie möglich zu Werk gehen. Die gute Dame hat fast ein Jahr bei uns zugebracht. Sie kannte unsere Namen, und wenn wir zum Frühstück gingen, so machten wir einen Umweg, um ihr im Vorbeigehen einen guten Morgen zu wünschen. Sie wird sich glücklich fühlen, dass sie mit ihrem kleinen Georges vereinigt wird. Wir hatten schon geglaubt, man habe sie vergessen.‹

›O mein Gott!‹

›Mein Herr, werden Sie nicht böse! Die Menschen auf der Erde haben mit so vielen Widerwärtigkeiten zu kämpfen, dass sie wohl einmal die vergessen können, die unter der Erde sich befinden. Nun sind Sie da! Das ist gut und recht von Ihnen!‹

Nun beugten sie sich und brachten ihre Finger zwischen den Deckel und die Bretter, welche die Seitenwände bildeten. Ich hörte das Holz knirschen – der Deckel wich.

Mir war, als ob meine Schläfe durch einen Schraubenstock zusammengezwängt wäre. Ich sah nur noch durch einen Nebel, oder vielmehr, ich sah nichts mehr.

Die beiden Totengräber stießen einen Schrei des Erstaunens aus, indem sie sich zu beiden Seiten der Gruft beugten, um mir die Aussicht auf den offenen Sarg zu gestatten.

›Sehen Sie!‹

Ich nahm mich zusammen und sah hin.

Sie war noch unverletzt.

Bei diesem Anblick verlor ich die Besinnung.

Nach einem Augenblick kam ich wieder zu mir. Ich war einmal zugegen, und nun galt es kein Schonen.

Indem ich die Schweißtropfen und die Tränen, die zugleich über mein Gesicht rannen, trocknete, lichtete ich meine Blicke auf den Sarg.

Sie war noch unverletzt.

›Mein Herr‹, sagte einer der beiden Totengräber, ›die gute Dame ist wohl auf eine unglückliche Weise gestorben. Seit dreißig Jahren begrabe ich und grabe ich aus; aber noch nie habe ich eine so wohl erhaltene Person gefunden. Diese Frau würde hundert Jahre alt geworden sein, mein Herr. Pierre, hole einen Begräbnissarg, und zwar für eine große Person, hörst du?‹

Pierre, der sich ruhig verhalten, während sein Genosse gesprochen hatte, stieg aus der Gruft und ging, um dem ihm erteilten Auftrag zu genügen.

Meine Beine schlotterten, ich glaubte umsinken zu müssen.

Ich setzte mich auf ein benachbartes Grab und betrachtete von dort aus unsere arme Marie.

Mein lieber Dumas, denken Sie sich, dass ihre Haare, die ich abgeschnitten, zwei oder drei Zoll wieder gewachsen waren, dass das kleine goldene Kreuz noch vorhanden war, das ich an ihren Hals gehangen hatte, und auch das Medaillon, in welchem sich die Haare ihres Georges befanden.

Der Mann kam zurück mit seinem Sarg.

Nun wandten sich die beiden Totengräber zu unserer teuren Marie; sie sprachen mit ihr, als ob sie lebte.

›Kommen Sie, arme Frau‹, sagten sie, ›Sie werden wohl zufrieden sein, denn wir wollen Sie zu Ihrem lieben Kleinen bringen, um den Sie so viel getrauert haben. Diesmal werden Sie ihn nicht wieder verlassen!‹

Nun hoben sie Marie auf.

Durch den Ruck, den der Leichnam erlitt, entstand an der Schulter eine Art Risswunde.

Das Fleisch war rot, mein lieber Freund, rot wie bei einem lebenden Menschen.

Nachdem die Männer die Tote in ihren neuen Sarg gelegt, suchten sie die Lappen des Grabtuchs und die übrigen zerstreut liegenden Reste zusammen.

Nun hörte ich zum zweiten Male die Schläge des fürchterlichen Hammers, der an die Pforten der Ewigkeit klopft.

Die Totengräber nahmen den Sarg auf ihre Achseln, und wir durchschritten die kleinen blühenden Fußpfade.

So kamen wir beim Grab des kleinen Georges an, wo meine Frau und mein Bruder uns erwarteten.

Man ließ Marie in das Grab hinab.

Das Geräusch, das der Sarg der Großmutter verursachte, indem er auf den des Kindes stieß, hat im Himmel widerhallen müssen, wie in meinem Herzen, und hatte auch der Tod die Gebeine dieser beiden Wesen, die sich so unaussprechlich geliebt, noch so kalt und starr gemacht, sie haben erzittern müssen!

Wir traten den Rückweg nach Paris an. Jedes Geräusch, jedes Wort schien uns eine Lästerung zu sein.

Wir hatten unsere Pflicht getan, mein Freund.

Wir schulden der armen Marie nichts mehr als unsere Liebe und unsere Gebete. Wir haben zwar den Rest unserer geringen Schmucksachen dabei eingebüßt, aber ich bin stolz, mir sagen zu können, dass in ganz Paris, dem Vereinigungspunkt so vielen Ruhms, in diesem mit so vielen großen Namen bevölkerten Paris, in dieser an Millionären so reichen Stadt nicht einer mir bei Erlangung der Summe behilflich gewesen, welche die Beerdigung Marie Dorvals erforderte.

Ganz der Ihrige
René Luguet.«

Gleich nach Empfang dieses Briefes schrieb ich an Luguet:

»Mein armer Freund!

Schicken Sie mir das Verzeichnis der Gegenstände, die Sie versetzt haben, und fügen Sie die darauf erhaltene Summe bei.

Ich habe eine Idee.

Ganz der Ihrige
Alexandre Dumas.«

Zwei Stunden später erhielt ich folgende Antwort:

»Lieber Dumas!

Anbei erfolgt das Verzeichnis unserer Reliquien sowie die Angabe der dafür erhaltenen Summen. Es bietet sich für einen Glücklichen der Erde eine Gelegenheit, eine gute Handlung zu vollbringen.

Ein Räucherpfännchen, auf dem der Name Georges mit einer Dornenkrone eingegraben ist; ein Geschenk, das ich der armen Marie gemacht	80 Francs
Eine Brosche mit dem Porträt des kleinen Georges	50 Francs
Die Uhr der Madame Dorval	70 Francs
Das kleine Besteck und der Becher des Kindes	20 Francs
Der goldene Ring, an dem ihr Kreuz hing	25 Francs
Ein Ring und eine Brosche, Geschenke Ponsards als Andenken an Lucrèce	10 Francs
Ein Armband, das Madame Malibran der Dorval geschenkt	80 Francs
Summa	355 Francs

Der Tag, an dem wir diese teuren Gegenstände wiedersehen, wird uns für alle erlittenen Leiden entschädigen.

Es grüßt herzlich

René Luguet.«

Sie begreifen wohl, mein lieber Leser, dass wir diese teuren Schmucksachen, die einzige Erbschaft der Kinder dieser großen Künstlerin, die wir in den Rollen der Adèle, Marion Delorme und Kitty Bell bewundert haben, nicht verkaufen lassen konnten.

Dann ist es nötig, dass auf dieses mit so viel Schmerz erkaufte Grab ein Stein und auf diesen Stein der Name Marie Dorval und der ihres Kindes gesetzt werde.

Ich eröffne hiermit eine Subskription und lade alle meine Leser und Leserinnen ein, ihr Scherflein zu diesem wohltätigen Werke beizutragen.

Der Verfasser dieser Zeilen nimmt die Ehre in Anspruch, sich mit einem Beitrag von 20 Francs an die Spitze dieser Subskription zu setzen.

Künstlerische Subskription
Um für die Enkelkinder der Dorval
die Juwelen ihrer Großmutter zurückkaufen zu können

Le Mousquetaire .... 20,00 France
M. Willems .... 5,00 France
M. Barthet .... 5,00 France
M. Ponsard................................ 20,00 France
M. C. Bourdet................................ 5,00 France
M. Arthur Stevens .... 10,00 France
M. Joseph Stevens .... 5,00 France
Mme E. M. .... 20,00 France
Mme Ristori .... 10,00 France
Mme de Silva................................ 20,00 France
La Librairie Nouvelle................................ 20,00 France
Ein Unbekannter .... 5,00 France
M. Dondey-Dupré .... 5,00 France
M. E. Rouit................................ 2,00 France
M. Albert Rouit................................ 2,50 France
Un Louisiannais................................ 20,00 France
M. Méry................................ 5,00 France
M. Maxime Du Camp................................ 5,00 France
M. C. S. .... 1,00 France
Ein ehemaliger Souffleur vom
Théâtre de la Porte Saint-Martin .... 5,00 France
M. Paul de Marly .... 2,00 France

Summa ...... 190,50 France

Die Leidensgeschichte Marie Dorvals erschien in Dumas' *Journal le Mousquetaire*. Der hochherzige Verfasser richtete zugleich folgende Aufforderung an die Leser des weitverbreiteten Blattes:

»Liebe Leser, schöne Leserinnen!

Es gilt, ein gutes Werk zu vollbringen, und Sie werden, wie sich hoffen lässt, dazu die Hand bieten.

Wenn von allen denen, welche unsere arme Marie Dorval in den Stücken ›Die beiden Galeerensklaven‹, ›Der Spieler‹, ›Antony‹, ›Marion Delorme‹ und ›Kitty Bell‹ Beifall gespendet haben, jeder nur einen Franc beiträgt, so wird man auf ihr Grab nicht einen Stein setzen, man wird ihr ein Monument errichten können.

Wir sind nicht so begehrlich, wir fordern nicht, dass man die Künstler, wie in England, in der Gruft der Könige beisetzt, wir fordern nur, dass man sie nicht in das allgemeine Grab wirft.

Wohlan denn, Brüder Künstler, steht uns bei, was ich heute für die Dorval tue, wird ein Anderer nach mir für euch tun.

Gebt!

Ich weiß wohl, dass ihr nicht reich seid, die Tat wird dadurch um so verdienstlicher. Sie gab ja so gern und so viel!

Von heute an wird in den Buchhandlungen eine Broschüre unter dem Titel

Die letzten Jahre
Marie Dorvals
von
Alexandre Dumas

– Preis: 50 Centimes – Für das Grab! –

zu kaufen sein – o kauft, kauft sie als eine Erinnerung an die große Künstlerin!

Alexandre Dumas«

Soeben geht von René Luguet folgender Brief ein:

»Lieber Dumas!

Sie haben die Leidensgeschichte Marie Dorvals in einer Herzensergießung geschrieben, die beweist, was die Unglücklichen von Ihnen erwarten dürfen.

Aber die Lage, in die mich die Erfüllung einer Pflicht versetzt und die Sie ohne Zweifel als Aufopferung betrachtet wissen wollen, erlaubt mir nicht, auf den Gedanken einer Subskription einzugehen.

Jene Reliquien sind uns wahrlich sehr teuer, und ich hoffe, sie einst wiederzusehen; dieses Ziel aber will ich allein durch meine Arbeit erreichen.

Marie Dorval hat die Glücklichen der Erde nicht zu beneiden, sie ist für ewig mit ihrem lieben Georges vereint!

Sie hat kein Monument, aber ihr Grab ist mit Blumen bedeckt, die ihre brave Tochter, so lange sie lebt, pflegen wird. Später werden unsere Enkel diese so traurige und so süße Arbeit fortsetzen.

Unvergänglicher als ein Grabstein ist das Mausoleum, das Sie ihr dadurch errichtet haben, indem Sie dieses so große und so verkannte Herz den Augen der Welt offenbarten.

Es gibt so viel Unglück um uns her, vor dem das meinige schweigen muss. Sollten Ihre lieblichen Leserinnen Ihrer großmütigen Aufforderung bereits nachgekommen sein, nun, so sei diese gute Handlung nicht umsonst geübt – Sie finden leicht eine verschämte Armut, bringen Sie ihr diese Gabe.

Es wird uns ein unaussprechlich süßer Gedanke sein, dass sie diesen Strahl des Glücks dem Namen Marie Dorvals verdankt!

Ich bin mit ganzem Herzen Ihr

René Luguet.«

»Bravo, wackerer Luguet!

Die Summen liegen in meiner Stube zur Verfügung der Personen, die sie gespendet haben.

Das Manuskript stelle ich zu Ihrer Verfügung.

Aber um eins bitte ich Sie: Gestatten Sie, dass die Broschüre verkauft und dass vom Ertrag derselben der Grabstein bezahlt werde.

Alexandre Dumas.«

Außerdem erschienen
in der Reihe der

Taschenschmöker aus Vergangenheit und Gegenwart

Alexandre Dumas: El Salteador

212 Seiten – ISBN 978-3-943275-07-0

Eine Räuberbande in der spanischen Sierra Nevada versetzte Reisende in Angst und Schrecken. Angeführt werden sie von einem geheimnisvollen Mann, den man aus lauter Ehrfurcht nur *El Salteador* nennt. Als eines Tages der ehrenwerte Don Inigo Velasco de Haro und dessen Tochter in seine Hände fallen, ist dieser von deren Tapferkeit so beeindruckt, dass er sich ihnen gegenüber offenbart und sie wieder freigibt. Don Inigo verspricht dem Salteador, sich für ihn beim König einzusetzen; doch wird er dieses Versprechen auch halten können? Längst sind auch schon des Königs Häscher der Bande auf der Spur. Es beginnt ein dramatischer Wettlauf mit der Zeit

Alexandre Dumas: Die Taube

108 Seiten – ISBN 978-3-943275-14-8

Eine Taube, die von einem Sperber verfolgt wird, kann von mildtätiger Hand gerettet werden. Da der Retter vermutet, dass sie jemanden gehört, schickt er sie mit einem Brief zurück. Schon am nächsten Tag bringt sie ihm eine Antwort. Fortan wird sie die Botin zwischen einer Novizin und einem Novizen. So entwickelt sich zwischen den beiden Schreibenden nach und nach eine Beziehung, in der sich eine Überraschung nach der anderen auftut. Ein fesselnder Briefroman von Alexandre Dumas, dessen Spannung von Seite zu Seite steigt und in einem Wettlauf mit der Zeit endet. Werden die beiden Schreibenden noch rechtzeitig den Weg zueinander finden, bevor es für sie zu spät ist?

In gleicher Ausstattung sind die folgenden Bände erschienen:

Taschenschmöker aus Vergangenheit und Gegenwart

In der Reihe Taschenschmöker aus Vergangenheit und Gegenwart erscheinen Werke der klassischen Unterhaltungsliteratur, die seit vielen Jahrzehnten nicht mehr, oder noch niemals in deutscher Sprache verlegt worden sind.

1. *Jules Verne / Michel Verne*
   Der Humbug
   Vier Erzählungen
2. *Alexandre Dumas*
   Eine Amazone
   Zwei Novellen
3. *Gustave Aimard*
   Eine mexikanische Rache
   Eine Erzählung aus dem wilden Mexiko
4. *Jules Verne*
   Der Weg nach Frankreich
   Historischer Roman
5. *Friedrich J. Pajeken*
   In Sturm und Not
   Eine Erzählung aus dem Wilden Westen
6. *Jules Verne*
   Der Graf von Chanteleine
   Eine Episode aus der Revolutionszeit
7. *Jules Verne / Emilio Salgari / Karl May*
   Ein Drama in den Lüften
   Erzählungen aus luftigen Höhen
8. *Alexandre Dumas*
   El Salteador
   Ein Roman aus der Zeit Karls V.
9. *Emilio Salgari*
   In der Eiswüste
   Erzählungen aus arktischen Regionen
10. *Sir John Retcliffe*
    Das tote Haus
    Eine Novelle aus Düsseldorfs Vorzeit
11. *Gustave Aimard*
    Der Löwe der Wildnis
    Zwei Erzähl. aus dem wilden Mexiko
12. *Sir John Retcliffe*
    Der letzte Wäringer
    Novelle a. d. letzten Tagen Konstantinopels
13. *Emilio Salgari*
    Die Rose vom Dong-Giang
    Eine abenteuerliche Novelle aus Cochinchina
14. *François-Édouard Raynal*
    Die Schiffbrüchigen
    Zwanzig Monate auf den Aucklandinseln
15. *Alexandre Dumas*
    Die Taube
    Ein Briefroman
16. *Edgar Wallace*
    Der Geist von Down Hill
    Zwei Kriminalkurzromane
17. *Sir John Retcliffe*
    Nach Cayenne!
    Eine historisch-politische Novelle
18. *Philip Francis Nowlan*
    Armageddon 2419
    Eine Science-Fiction-Erzählung
19. *Jules Verne*
    Ein Lotterielos
    Eine norwegische Geschichte
20. *Max Eschner*
    An der Pazifikbahn
    Eine Erzählung aus dem Wilden Westen
21. *Alexandre Dumas*
    Ein Maskenball
    Vier Novellen

– Weitere Bände in Vorbereitung –

Einzelne Bände aus dieser Auflistung sind derzeit *(Stand Juli 2016)* noch nicht lieferbar, da sich die Herausgabe leider etwas verzögert hat. Dabei handelt es sich um die Bände 12 und 21. Das Erscheinen ist für das laufende Jahr geplant.